主题育人实践教程

做骆驼式现代职业人

主　编　刘传勇　田　犇　廖　建

副主编　文　贤　刘　译
　　　　戴　维　杨婧雯

内容提要

本书围绕高职院校人才培养目标，将任弼时的骆驼精神与现代职业人的工匠精神结合起来，力求通过故事情境、实践活动、职业感悟，传承红色基因，坚定大学生建设新时代中国特色社会主义的理想信念。本书适合作为高职院校思政教材。

图书在版编目(CIP)数据

主题育人实践教程：做骆驼式现代职业人/刘传勇，田犇，廖建主编. —上海：上海交通大学出版社，2021.10
ISBN 978-7-313-25591-4

Ⅰ.①主… Ⅱ.①刘…②田…③廖… Ⅲ.①高等职业教育－思想政治教育－教学研究－中国 Ⅳ.①G711

中国版本图书馆CIP数据核字(2021)第206071号

主题育人实践教程——做骆驼式现代职业人

ZHUTI YUREN SHIJIAN JIAOCHENG——ZUO LUOTUOSHI XIANDAIZHIYEREN

主　　编：刘传勇　田　犇　廖　建
出版发行：上海交通大学出版社　　地　　址：上海市番禺路951号
邮政编码：200030　　电　　话：021-64071208
印　　制：上海新艺印刷有限公司　　经　　销：全国新华书店
开　　本：787mm×1092mm　1/16　　印　　张：6.25
字　　数：116千字
版　　次：2021年10月第1版　　印　　次：2021年10月第1次印刷
书　　号：ISBN 978-7-313-25591-4
定　　价：38.00元

本书编委会

主　　编　刘传勇　田　犇　廖　建

副主编　文　贤　刘　译　戴　维　杨婧雯

参　　编　彭利余　李永红　方颖军　彭宣红

易贤文　陈忠良　钟　声　黄　芳

蔡　瑜　易　鸣　胡　迪　李文辉

陈　伶　贺春莲　晏　珍　李春宜

前　言

2019 年 3 月 18 日在北京召开的学校思政理论课教师座谈会上，习近平总书记指出，办好思政理论课，关键在教师。“思政课作用不可替代，思政课教师队伍责任重大。”党中央的期望和习近平总书记的嘱托，让广大思政教师既感到使命光荣，也肩负了千钧重担。当此之时，如何创新教学模式、丰富教学内容、激活思政课堂，就成为广大思政理论课教师迫切需要完成的任务。

党的十八大以来，习近平总书记反复强调“共和国是红色的，不能淡化这个颜色”“把红色资源利用好，把红色传统发扬好，把红色基因传承好”，要“将红色基因代代相传”。岳阳是老一辈无产阶级革命家任弼时同志的家乡。任弼时同志对党忠诚，不辞重负，公而忘私，将全部心血和精力贡献给了无产阶级革命事业和共和国的宏伟大业，用不屈的意志和不朽的生命铸就了“骆驼精神”。任弼时同志逝世后，叶剑英元帅在《哀悼任弼时同志》一文中写道：“他是我们党的骆驼，中国人民的骆驼，担负着沉重的担子，走着漫长的艰苦的道路，没有休息，没有享受，没有个人的任何计较。”[①]任弼时的“骆驼精神”由此而来。

自 2017 年起，岳阳职业技术学院开始探索思想政治理论课实践教学模式的变革，总体思路是充分挖掘岳阳当地的红色文化资源，结合“三全育人”，开展“传承红色基因，弘扬骆驼精神，做新时代骆驼式现代职业人”系列教育活动，把“骆驼精神”贯穿于教书育人、立德树人的每一个环节，培养德才兼备的高素质技能型人才。

岳阳职业技术学院思想政治理论教师团队充分研究了任弼时同志“骆驼精神”的精神内涵，并结合现代职业人的素质要求，对“骆驼式现代职业人”的内涵做出了诠释：理想崇高、信念坚定的执着精神，刻苦钻研、与时俱进的学习精神，任劳任怨、认真负责的担当精神，关爱他人、与人为善的协作精神，敢为人先、勇于探索的创新精神，放眼世界、

① 章学新：《任弼时传(下)》，中央文献出版社 2014 年 4 月第 2 版，第 888 页。

兼收博采的开放精神。

岳阳职业技术学院秉持“传承红色基因，紧扣时代脉搏，加强载体建设”的理念，希望通过几年的建设和活动的实施，努力实现“六个一”的目标：建立一座景观，就是建好用好以任弼时同志雕像为主轴的“承红园”；构建一套体系，就是构建一套育人体系和评价体系；完善一个机制，就是完善骆驼式现代职业人的培养机制；培养一批人才，就是培养一批传授和传承骆驼精神的人才；产出一些成果，就是产出一些理论研究和实践创新成果。总体目标是使骆驼精神内化于心、外化于行、固化于制、物化于境。

本书是思想政治理论课实践教学改革的总结，全书以“弘扬骆驼精神，传承红色文化，做骆驼式现代职业人”为主题，在内容上分为六个部分，即构成任弼时“骆驼精神”的六个方面——执着、学习、担当、协作、创新、开放的六种精神，体例上由“核心点击”“经典阅读”“榜样力量”“社会实践”“职业感悟”等模块构成。内容上强调科学性、可读性、趣味性相统一，强调“育人三结合”，精心设计实践教学，力求体现教材的可操作性。

在主题教育实施和教材的编写过程中，我们得到了任弼时纪念馆等社会单位及岳阳职业技术学院党政办公室、学生工作部、宣传统战部、教务处等部门的大力支持，在此一并表示感谢！岳阳职业技术学院思政理论课教师团队是本教材的编撰主体，文贤、杨婧雯、戴维、刘译、田犇、廖建等老师分别担任了第一至第六单元的策划与编写工作，教学案例参考了国内主流媒体的报道，同时也借鉴了一些专家的研究成果，在此对他们深表敬意和感谢！

在实现中华民族伟大复兴的中国梦的历史征程中，学校思想政治理论课的作用不可替代。大力弘扬骆驼精神，努力培养“骆驼式现代职业人”，将成为我们长期坚持的思想政治理论课实践教学的方向。一代一代、一批一批深具骆驼精神的学子从学校走向社会，在社会主义建设的各个方面散发出熠熠光芒，这既是我们的目标，更是我们的期待。

编　者

2021 年 5 月 18 日

目　录

第一单元

执着精神：理想崇高，信念坚定

> 习近平总书记在2012年11月17日中央政治局第一次集体学习时强调："对马克思主义的信仰，对社会主义和共产主义的信念，是共产党人的政治灵魂，是共产党人经受住任何考验的精神支柱。形象地说，理想信念就是共产党人精神上的'钙'，没有理想信念，理想信念不坚定，精神上就会'缺钙'，就会得'软骨病'。"

核心点击

一、精神之"钙"：坚定理想信念

理想信念是人们在实践中形成的、具有现实可能性的对未来的向往和追求，是人们的世界观、人生观、价值观和政治立场在奋斗目标上的集中体现，是确立人生价值取向的最高准则。崇高的理想信念就是对马克思主义、共产主义的信仰，对社会主义的信念，一个国家、一个民族、一个政党在任何时候任何情况下都必须树立和坚持明确的理想信念。

广大青年要补足精神之"钙"。青年兴则国家兴，青年强则国家强，历史和现实都告诉我们，青年一代有理想、有担当、有本领，国家就有前途，民族就有希望。青年一代的理想信念、精神状态是一个国家发展活力的重要体现，也是一个国家核心竞争力的重要体现。如果青年没有坚定的理想信念，精神上就会得“软骨病”，就会在“风雨”面前东摇西摆。

二、铸魂补钙：拧紧思想“总开关”

当今世界上国与国之间的竞争日趋激烈，各种思想文化交流交融交锋日益频繁，实现中华民族伟大复兴的中国梦，必须依靠中国特色社会主义的共同理想凝聚民族意志，激发精神动力。

当代青年的理想信念面临许多挑战，主要表现为：一是全球化必将影响人们的思想和行为，促使人们的思想观念发生转变，而思想观念的转变也必然引起种种矛盾和冲突，有时甚至给人们带来思想混乱，也给当代青年理想信念教育增加了一定难度；二是网络信息良莠共存，加之国内外别有用心的人传播虚假信息，散布反动言论，甚至对社会热点、难点和敏感新闻进行恶意炒作，误导舆论，青年理想信念不可避免遭到“不良信息”的“侵袭”；三是随着社会主义市场经济的建立和完善，人们的理想信念、价值观念日益多元化，一些领导干部、社会大众理想信念迷失，必然会给当代青年带来消极的影响。

广大青年要实现远大理想，担负起实现中华民族伟大复兴的历史重任，就要有坚定的理想信念，矢志艰苦奋斗，锤炼高尚品格。

三、信仰之光：照亮奋斗的路

新时代的中国青年要坚定理想信念，练就过硬本领，始终保持艰苦奋斗的前进姿态，积极响应党的号召，不畏艰险、冲锋在前、真情奉献，投身强国伟业，展现当代中国青年的担当精神。

第一，新时代中国青年要树立远大理想。理想远大、信念坚定是一个国家、一个民族无坚不摧的前进动力。青年一代要树立对马克思主义的信仰、对中国特色社会主义的信念、对中华民族伟大复兴的信心，在奋斗中实现人生梦想。

第二，新时代中国青年要热爱伟大祖国。热爱祖国是立身之本、成才之基。当代爱国主义的本质就是坚持爱国和爱党、爱社会主义的高度统一。新时代中国青年要听党话、跟党走，厚植内心的爱国情怀。

第三，新时代中国青年要担当时代责任。青年一代要珍惜这个时代赐予的机遇，刚健勇毅，勇立时代潮头，担负时代使命，在担当中历练，在尽责中成长，努力成为德智体美劳全面发展的社会主义建设者和接班人。

第四，新时代中国青年要勇于砥砺奋斗。奋斗是青春最亮丽的底色。青年要继承中华民族不息的奋斗精神，做时代前行的奋进者、开拓者、奉献者，勇于面对挑战，在奋斗中奉献自己的青春，创造出让世界刮目相看的新奇迹。

第五，新时代中国青年要练就过硬本领。青年一代要增强学习紧迫感，努力学习掌握科学知识，提高内在素质，锤炼过硬本领，使自己的思维视野、思想观念、认识水平跟上时代的步伐，在服务人民、奉献社会中贡献自己的力量。

第六，新时代中国青年要锤炼品德修为。青年要把正确的道德认知、自觉的道德养成、积极的道德实践紧密结合起来，不断修身立德，打牢道德根基，在人生道路上走得更正、走得更远。

中国共产党百年奋斗历史告诉我们：没有牢不可破的理想信念，没有崇高理想信念的有力支撑，要实现中华民族从站起来到富起来到强起来的伟大历程是不可想象的。新时代的青年要筑牢理想信念，做到心中有信仰、脚下有力量，让信仰之光照亮奋斗之路。

经典阅读

坚定理想信念　坚持党性原则——任弼时的执着精神

2014年，在纪念任弼时同志诞辰110周年座谈会上，时任中共中央政治局常委、书记处书记、宣传部部长刘云山同志强调：任弼时同志为我们树立了坚定理想信念、坚持党性原则的典范。在大革命濒临失败的关键时刻，他旗帜鲜明地同共产国际和党内的右倾错误进行斗争，坚定坚持正确主张。在国统区从事党的秘密工作时曾两次被捕，面对敌人的酷刑，大义凛然、宁死不屈，表现了共产党人的崇高气节。在长征途中，不论遇到什么样的艰难险阻，他都保持着勇往直前的革命意志。延安整风前夕，他写下《关于增强党性问题的报告大纲》，提出“遵守纪律、服从组织”是衡量党员党性的一个重要标志，成为党的建设的一篇经典文献。整风运动中，他严于解剖自己，敢于承担责任，虚心接受别人意见，勇于进行自我批评，体现了共产党人的坦荡胸怀和优良作风。纵观任弼时同志的一生，其坚定的信仰信念、鲜明的党性原则永远是广大党员干部学习的光辉榜样。

一、理想崇高、信念坚定的执着精神

任弼时年少时就树立了救国救民的崇高理想。20 世纪初，列强掀起瓜分中国的狂潮，各地军阀在列强的支持下纷纷自立为王，国家战火纷飞，人民穷困潦倒。面对国家积贫积弱的现状，少年任弼时就立志为民族解放、国家富强而努力奋斗，在其一生中振兴中华、热爱祖国执着坚贞的赤子之心始终未变。在三十多年的革命生涯中，任弼时两次被捕，遭受酷刑，身心历经巨大考验。特别是在上海的提篮桥监狱遭受的电刑，对他的身体摧残更大，出狱后数月，背上两个拳头大的窟窿还在发炎流着黄水。尽管身体遭受酷刑摧残，但他作为革命者的意志丝毫没有动摇，始终没有暴露自己的真实身份，严守党的机密，对党忠诚。正如他自己所说："我们共产党人是用特殊材料制成的。"

由于两次被捕，身受酷刑摧残，加之后来枪林弹雨，南征北战，任弼时慢慢积劳成疾，身患多种严重疾病。为了创建新中国，任弼时不顾身体每况愈下，依然坚守工作岗位，坚持带病工作，超负荷地默默奉献。1949 年 4 月 12 日，在新民主主义青年团第一次全国代表大会上，任弼时抱病代表中共中央向大会做政治报告。他此时的身体情况已不允许他作长篇的政治报告，讲完头一部分，便开始感到头晕、心悸和气喘。在中间休息时，与会同志劝说任弼时让其他同志代读讲稿，他不得已接受了这个建议，但是仍坚持端坐主席台，直至会议结束。同年 10 月 29 日，经苏联医生诊断，任弼时患有严重的高血压症、脑血管显著硬化症、心脏初期机能障碍、肾脏初期硬化、肝脏肥大，并有轻度糖尿病，且病情在恶化。在中共中央及毛泽东同志的亲自过问下，任弼时被安排赴莫斯科治疗。1950 年，任弼时病情稍有好转，就不顾医生和战友劝阻，毅然回国，夜以继日投身国家建设事业。直到去世的前几天，他依然坚持带病工作。1950 年 10 月 21 日，他白天工作一天，晚上同工作人员讨论即将召开的全国组织工作会议的有关问题。之后，伏案查看朝鲜战场形势图，思虑朝鲜战局，直至深夜。由于过度劳累，10 月 25 日上午他突发脑出血，右半身瘫痪，后病情恶化，于 10 月 27 日逝世。这就是一个身患重病的共产主义者追求革命理想鞠躬尽瘁、死而后已的执着精神！

二、乐观积极、勇往直前的革命精神

1934 年 7 月，中共中央电令红六军团退出湘赣革命根据地，转移到湖南中部，创立新根据地，并与贺龙领导的红三军取得联系，同时，党中央指派任弼时为中央代表随军西征，1934 年 9 月，红六军团渡过湘江，进入贵州苗岭地区。

时任红六军团军政委员会主席的任弼时得了很严重的疟疾，脸色蜡黄，常常满身虚汗，发烧时，头和手脚都肿起来，但他从没哼过一声，仍然坚持指挥西征中的重大战斗行动。部队在贵州期间，红军一天吃不上一顿饭，常常饿着肚子行军打仗，更别说吃药看病。任弼时忍受着疾病的折磨，照常和萧克军团长、王震政委一起研究战局，安排部队的工作。战士们见他病得厉害，给他扎了一副担架，让他躺上去，他总是说“不用，不用”，硬是凭着坚强的革命意志，手拄着木棍，率领全军前进。在西征途中，任弼时虽然重病在身，还时刻不忘调查研究和做群众工作，部队每到一地，他总是派人把老乡找来，了解当地人民的生活疾苦，宣传党和红军的政策，有一次，他和一位老大爷交谈，亲切的话语竟感动得老大爷泪流满面。

任弼时在红二、六军团，既是中央代表，又是军团主要负责人，但他从不以领导者自居，处处身先士卒，与群众同甘共苦，同志们睡稻草，他也睡稻草；大家挨饿受冻，他也同样挨饿受冻。当大家休息了，他经常顾不上休息，忙着了解部队行军作战的情况，和其他领导一起部署下一步的行军路线和作战计划。爬雪山的时候，他自己身体很差，却把马让出来，用于往返抢救受伤和体弱生病的战士。当时他 30 多岁，但身体虚弱，经常生病，看上去像 50 多岁的人，可他心里始终想着部队和战士。寒冷的下雨天，他毫不犹豫地把自己身上的大衣脱下，盖在伤员身上；警卫员病了，他把仅有的一颗药丸给他服用。

红二、六军团过草地的时候，一连走了十几天，粮食没有了，野菜也挖不到了。一天，警卫员正发愁找不到可食的东西给首长做饭，任弼时随手从草地上拔起一把草，乐呵呵地说：“野草甜，野草香，红军粮食满山岗，这不就是吃的吗？”警卫员说：“草不能吃。”

任弼时略加思索，一眼看见警卫员身上的牛皮手枪背带，便乐了，说：“快把皮带解下来，这个加工一下可以吃呀！”任弼时让警卫员找来一把小刀，一人扯住皮带一头，一寸一块，第一次割了 8 块。任弼时点起火，把牛皮扔进火堆里烧了起来，当牛皮烧得见焦时，他就很有经验地把皮面上的黑焦煳刮掉，再把牛皮放到水里煮。这东西是很难煮烂的。煮了一个多小时，任弼时幽默地说：“可以了，咱们吃牛肉吧。”便带头夹起一块吃起来，一边“咯吱咯吱”嚼着，一边风趣地说：“这东西很有味道。”

这时，贺龙、关向应正好路过，也各自夹起一块尝了尝，连声说：“这比野菜强。你们真有办法。”于是，军团首长号召部队吃牛皮带，以解决部队的粮荒，即使这样，任弼时还不忘嘱咐一句：“牛皮带也不多，大家要有计划地吃，节约地吃，离走出草地还有好几天呢。”

任弼时当时有两条牛皮带，最后吃得只剩半条，他在这条未吃完的皮带上用钢笔写下一行字：“越吃越健康，将革命进行到底！”现在，这半条牛皮带作为珍贵的革命文物，收藏在中国革命历史博物馆里。（资料来源：任弼时纪念馆，中国共产党新闻网-人民网；《开国元勋任弼时的长征故事》，岳阳市情网，发布时间：2017 年 7 月 28 日）

点评 任弼时为我们树立了坚定理想信念的典范。学习他，就要坚持崇高的理想信念，树立正确的世界观、人生观、价值观，真正做到在原则面前懂得坚定，在权利面前懂得敬畏，在群众面前常思服务，在责任面前永不懈怠。

生命的守护神——屠呦呦

2015 年 10 月 5 日，瑞典卡罗琳医学院在斯德哥尔摩宣布，中国女科学家屠呦呦和日本科学家大村智及爱尔兰科学家威廉·坎贝尔分享 2015 年诺贝尔生理学或医学奖，以表彰他们在寄生虫疾病治疗研究方面取得的成就。屠呦呦成为第一位获得诺贝尔科学奖项的中国本土科学家，她同时也是第一位获得国家最高科学技术奖的女性科学家。

20 世纪六七十年代，在极为艰苦的科研条件下，屠呦呦作为中医药团队负责人参与到抗疟药物的开发中，发现了青蒿素，开创了疟疾治疗新方法，全球数亿人因这种“中国神药”而受益。

一、临危受命，勇担重任

屠呦呦 1930 年底出生于宁波，是家里 5 个孩子中唯一的女孩。她的名字取自《诗经·小雅》中的名句“呦呦鹿鸣，食野之蒿”。根据朱熹的注释，这个“蒿”指的正是青蒿。

就读于宁波中学时，她“成绩在中上游，并不拔尖”，但有个特点，只要她喜欢的事情，就会努力去做。班主任徐季子老师曾给这位当时并不起眼的女学生写下这样的评语：“不要只贪念生活的宁静，应该有面对暴风雨的勇气。”

1967 年，越南战争陷入拉锯。越南处于独特的雨林环境，气候炎热、荆棘密布、毒虫猛兽尤其多，由蚊虫叮咬引发的疟疾等疾病成了战争双方大幅非战斗减员的重要原因。有资料记载，1965 年，驻越美军疟疾年发病率高达 50%，美军因疟疾导致的非战斗减员人数要比战斗受伤减员人数高出 4～5 倍。不仅美军得疟疾，越南人民军也因疟疾伤亡惨重。越南方面后来统计，1961 年到 1968 年，除 1968 年第一季度外，越南人民军其他时间都是疟疾病员远远超过伤员。

为了解决这一问题，美军专门成立疟疾委员会，组织了国内重要的医疗科研机构攻关，开展新式抗疟药物的研制工作，要求每年提供30种前药进行临床试验。而在1964年，毛泽东接见越南党政负责同志时，越方也请求我国在疟疾防治上给予援助。毛泽东当即表示，“解决你们的问题，也是解决我们的问题”。1967年5月23日至30日，国家科委与总后勤部在北京联合召开全国协作会议，确定了药物研制的三年规划，为保密起见，项目代号为“523”，具体任务则为：一是抗药性疟疾的防治药物；二是抗药性疟疾的长效预防药；三是驱蚊剂。

屠呦呦所在的中医研究院是1969年才参与这个项目的。职称当时还是助理研究员的屠呦呦，之所以被委以重任当上组长，据说是因为她有两大优势：一是性格认真执拗；二是中西医贯通。

她领导课题组从系统收集整理历代医籍、本草、民间方药入手，调查了2 000多种中草药制剂，选择了其中640种可能治疗疟疾的药方。最后，从200种草药中得到380种提取物，在小白鼠身上进行抗疟疾检测。

屠呦呦说：“我1969年参加已经算是比较晚了。接触下来之后，让我来当这个课题组的组长，我就系统地查阅古代文献。我在《肘后备急方》里看到有这么一句话，用水泡了以后把汁挤出来，从这里面我就得到灵感，重新思考提取方法。”

二、历经曲折，以身试药

两千年前的古法，为屠呦呦送来一根“火柴”，照亮研制抗疟特效药的思路。她意识到，温度是保留青蒿有效成分的关键。她改用沸点较低的乙醚进行实验。

那是一个特殊时期。工厂停工，实验室关门，他们只好买来7个大缸“土法”提炼。没有通风系统，更没有防护措施，各种身体不适开始在课题组的科研人员中出现：头晕眼花，鼻子出血、皮肤过敏……丈夫李廷钊记得，那段时间妻子整天泡在实验室，回家后满身都是酒精味。因长期吸入乙醚，她还得了中毒性肝炎。

1972年7月，屠呦呦和课题组的同事准备拿来进行人体测试的是青蒿萃取液，编号191。为了保密，取名“91号”。此前，190次实验都失败了。在当时还没有关于药物安全性和临床效果评估程序的情况下，在自己身上进行实验是他们获得用中草药治疗疟疾的信心的唯一办法。屠呦呦说：“做到青蒿这步，可以用的药已经都筛完了，前面大约试了200多种中药，提取方式加起来380多种。开始这个部分叫作91号，因为做了191次试验才发现了有效部分。”

乙醚中性提取物有了，进行临床试验时却又出现了问题，在个别动物的病理切片中，发现了疑似毒副作用。“我当时心里很着急，因为疟疾这种传染病有季节性，实在不想错过当年的临床观察季节，否则就要再等上一年。”屠呦呦说。为了确保青蒿素用于临床的安全性，屠呦呦向领导提交了志愿试药报告：“我是组长，我有责任第一个试药！”屠呦呦等科研人员甘当“小白鼠”，以身试药，住进了东直门医院，最终证明药品无明显毒副作用。

1973 年，新年钟声刚刚敲响，屠呦呦发现青蒿奥秘的消息不胫而走。古老的“中国小草”释放出令世界惊叹的力量。在全球范围内，由于青蒿素的使用，5 岁以下儿童患疟疾的死亡率已经下降了 53%，而在非洲 5 岁以下患儿的死亡率下降了 58%。正是因为青蒿素在世界性的抗击疟疾的斗争中发挥的重要作用，2015 年，诺奖评审委员会在颁奖辞中特别指出，“千百年来，寄生虫病一直困扰着人类，并且是全球重大公共卫生问题之一。寄生虫疾病对世界贫困人口的影响尤甚。今年的诺贝尔生理学或医学奖获奖者对一些最具威胁性的寄生虫疾病疗法上做出革命性贡献。其中，屠呦呦发现了青蒿素，这种药品有效降低了疟疾患者的死亡率”。

三、淡泊名利，本色不改

北京市朝阳区金台路上一栋普通的居民楼里住着这位诺贝尔奖获得者，她性格低调，直到诺贝尔奖奖杯递到她手中的画面向全世界转播时，人们才知道她的名字以及她所做的贡献。

对于诺奖，她说这不仅是授予她个人的荣誉，也是对全体中国科学家团队的嘉奖和鼓励。“科研不是为了争名争利。”这是她常挂在嘴边的话。2016 年，她拿出诺贝尔奖奖金中的 100 万元人民币捐赠给北京大学医学部，设立“屠呦呦医药人才奖励基金”，又把 100 万元人民币捐给中国中医科学院成立创新基金，激励更多的年轻人参与到中医药科研中去。

她更关心的是自己的工作还没有做完。这位已经誉满全球的科学家，没有停下攀登的脚步。直到今天，90 岁的屠呦呦还在抗疟领域攻坚克难，针对青蒿素在大湄公河次区域等地出现的“抗药性”难题，带领团队不断产生新进展，提出新的治疗应对方案。为中医药事业培养更多的后继人才，成为她 90 岁以后的新目标。（资料来源：黄庆桥主编《科技成就中国》，上海交通大学出版社，2020 年第 1 版）

点评 向屠呦呦老师致敬，希望她的故事和精神可以鼓舞更多人，在自己的岗位上实现理想，用不断坚持和努力耕耘为国家和世界创造更大的价值。

我愿天地炉　多衔扁鹊身
——记岳阳职院骄子刘仁政

2020年，湖南省卫生健康委员会举行了全科医生表彰活动。岳阳职业技术学院优秀毕业生刘仁政凭借精湛的医技和精益求精的敬业精神荣获“优秀全科医生”奖项。

当医生是刘仁政儿时就树立的职业理想，2014年他义无反顾地报考了岳阳职业技术学院临床医学专业。在校期间，他认真学习专业知识，努力提升自己的专业素养，积极参加各项社会实践活动，锻炼自身各方面的能力，获得师生一致好评。

毕业后，刘仁政投入到了他深爱的医护工作中，在工作岗位上，他兢兢业业，踏实钻研，养成了“三勤”习惯：勤动嘴、勤动手、勤动脑。看病不厌其烦地多问患者，有疑问虚心地向同事请教。他抓住任何机会学习，使劲往脑袋里装知识和经验。不知不觉中，刘仁政练成了一名能够处理常见病、多发病及一般急症的多面手全科医生。2020年疫情期间，刘仁政积极投入一线医疗救护工作，穿上三层以上的隔离服，戴上N95口罩、防护帽、护目镜和橡胶手套，穿上防护胶鞋，跨入病区开展工作，查房、观察病情、日常体格检查、与患者沟通等。在感染科，总能看到这位年轻医生坚守岗位的忙碌身影。他用自己的实际行动实现了多年的梦想，他用专业精神诠释着一名青年医生的担当和责任，也为岳阳职业技术学院的学子们树立了榜样。（资料来源：《我愿天地炉　多衔扁鹊身：岳阳骄子刘仁政荣膺“优秀全科医生”》，“湖南日报·新湖南”客户端，发布时间：2020年12月8日）

悬壶出征　素甲凯旋①

今天重返母校，我的记忆仿佛被拉回到了11年前，那时我跟在座的很多学妹一样，是14岁的小姑娘，懵懂无知。都说大学就是一个小社会，那个时候的我年纪小，自律能力不足，甚至差点成为辅导员眼里的“问题学生”，是周斌老师和李美纯老师以及各位老

① 本文为岳阳职业技术学院优秀毕业生李满江在2020级新生开学典礼上的发言。李满江，护理学院2014届毕业生，2020年2月作为平江县第一人民医院医护人员，驰援湖北武汉金银潭医院，开展新冠肺炎救治工作。

师的谆谆教导，才让我回到了人生正轨。

在校的第一个学期我就加入了学生会办公室，从成员到干事，再到副主任、主任，我从一个“不安分”的孩子，变成了一个有担当的“小干部”，多次担任班上的班干部、寝室长。其间，我始终记得辅导员美纯老师曾对我们说过这样一段话：“同学们，救死扶伤是医护人员的天职，以后踏入社会，你们要面对的是一条条鲜活的生命，一定要练就好自身本领，将来去造福人民群众。”老师的话不敢忘、不能忘、不会忘！毕业后，我回到了我的家乡平江，成为平江县第一人民医院的一名护士，老师的话时时在耳边回响，在工作中，我兢兢业业，多次被评为“优秀护士”和“先进个人”。

2020 年 2 月 21 日，我带着职责和使命随湖南省支援武汉第五批医疗队入驻这次疫情风暴之眼——武汉市金银潭医院，担任平江医疗队宣传组组长、北五病区护理小组长。3 月下旬，湖南医疗队整建制接管金银潭医院南 5 区重症病房，我主动请战深入重症之巅——金银潭医院的 ICU。带着“悬壶出征披素甲，不破新冠誓不还”的决心，我一直奋战在抗疫最前线，直至武汉解封“前夜”才撤离，为湖北保卫战、武汉保卫战贡献了自己的全部力量！贡献了来自咱们岳阳职院的力量！

2009 年我踏入岳阳职院的校园，5 年的专业学习、丰富的活动经历以及担任学生干部及班干部的磨炼，让我深知，是母校铸就了今天的我，使我从懵懂无知的 14 岁小姑娘成长为勇于担当、乐于奉献的医护工作者，我深深感恩我的老师，感恩我的母校！

在此，我真挚地祝福各位老师工作顺利，身体健康，万事如意！祝福学弟学妹们，一路乘风破浪，在成长路上遇见更好的自己！祝福母校的明天越来越好！

点评 习近平总书记强调：“理想信念是事业和人生的灯塔。”只有理想信念坚定的人，才能始终不渝、百折不挠，无惧风吹雨打，不怕千难万险，坚定不移为实现既定目标而奋斗。只有踏实付出才能够获得成长，每一位大学生都应当坚定理想信念，确立自己的目标然后为之努力奋斗。拥有了坚定的理想信念，即使遇到了挫折困苦，也能“风雨不动安如山”，继续我们的奋斗之路。

社会实践

参观任弼时纪念馆

指导思想： 在大学生中间深入开展以“重温红色记忆，传承红色基因，做骆驼式的现

代职业人”为主题的社会实践活动，学习老一辈无产阶级革命家负重前行的“骆驼精神”和“能坚持走一百步，就不该走九十九步”的艰苦奋斗作风，切实加强大学生的思想道德和理想信念教育，增强现代职业人的意识。通过缅怀先辈、铭记革命先烈光荣事迹，倍加珍惜今天幸福生活，不断增强热爱祖国、热爱人民、热爱中华民族的情感，立志为实现中华民族伟大复兴的中国梦而奋斗。

活动时间：每年第二个学期新生军训后期。

参加人员：全体新生。

活动内容：

（1）在铜像广场敬献花篮，宣读誓词。

（2）参观任弼时纪念馆和故居。

（3）开展“道德讲坛”系列活动。

具体安排参见下表。

具体时间	活动内容	活动地点	负责人
7:00—9:10	乘车出发	学院广场	
9:30—9:50	敬献花篮，宣读誓词	铜像广场	
10:00—11:50	参观	任弼时纪念馆和故居	
12:00—13:10	午餐	自由安排	
13:30—15:10	举办“道德讲坛”	任弼时纪念馆	
15:30—17:40	乘车返回	任弼时纪念馆广场	

注意事项：

（1）活动期间，为确保安全，必须服从安排，统一行动。

（2）活动内容多，时间紧，须严格遵守每项活动的规定时间。

（3）做好笔记，拍照留存。

职业感悟

一、专题讨论

围绕“重温红色记忆，传承红色基因，做骆驼式的现代职业人”组织一次专题讨论。每个同学结合自己的专业学习写出参观感悟。

二、主题宣传

在学校宣传栏和班级黑板报开展“重温红色记忆，传承红色基因，做骆驼式的现代职业人”专题宣传。

三、课堂展示

各班分小组制作课件，在课堂上分享本次参观感悟。

第二单元

学习精神：刻苦钻研，与时俱进

学习精神体现在刻苦钻研，对理论进行深入细致的研究；学习精神体现在精益求精，在实践中提高理论和业务水平；学习精神体现在与时俱进，在时代进步中争当先锋。青年时期学识基础扎实不扎实，影响甚至决定自己的一生。广大青年既要多读有字之书，也要多读无字之书，把理论知识运用于社会实践，在社会实践中升华理论知识。“人才有高下，知物由学”，梦想从学习开始，事业靠本领成就。

一、坚定学习信念

联合国教科文组织曾经做过一项研究：信息通信技术带来了人类知识更新的加速。18 世纪时，知识更新周期为 80～90 年；19 世纪到 20 世纪初，缩短为 30 年；20 世纪六七十年代，一般学科的知识更新周期为 5～10 年；到了 20 世纪八九十年代，许多学科的知识更新周期缩短为 5 年；而进入 21 世纪，许多学科的知识更新周期已缩短至 2～3 年。

打一个形象的比方，一个本科生走出校门 2 年内，一个硕士研究生毕业 3 年内，一个博士生毕业 4 年内，如果不及时补充新知识，其所学的专业知识大都将老化。在校求学阶段所获不过是一生所需的 10%，而另外 90%的知识都必须在以后的自学中不断获取。

学习能力成为今天乃至未来适应社会的必备能力，知识经济时代需要的人才，一定要拥有强大学习能力和适应能力。在成功的路上，虽然“条条大路通罗马”，方式和途径多种多样，但学习能力一定是所有道路最重要的基石——当然，有人擅长于理论学习，有人擅长在实践中学习，扬长避短未尝不可，但理论和实践相结合，始终是学习的终极正道。

二、锤炼学习意志

虽然知道学习的重要性，可是同学们总会有这样的烦恼：“别人在玩游戏，我也好想玩”“同学们约着聚会、泡吧、打牌，不参加的话，也太不合群了吧”“手机和微信老是推送信息，真影响我学习”……学习之外的诱惑太多了，学习本身的阻力太大了。

学习确实苦、确实累。在读书的道路上，没有捷径可走，也没有顺风船可驶，想要汲取更多更广的知识，勤奋和刻苦是必不可少的。“宝剑锋从磨砺出，梅花香自苦寒来”。学习确实孤独。连年轻时的毛泽东，都觉得“冷板凳”难坐，为了培养专心读书的能力，他特地到车水马龙、人来人往的城门口闹市读书，时而朗读，时而默念，专门在别人或好奇或异样的眼光中学习。

当我们抱怨这样或那样的影响因素太多的时候，不妨想想这个故事：两位僧人争论到底是风在动，还是幡旗在动，另一位僧人上前说：“你们辩论不休的原因，并不来源于风或者幡，而是你们作为修行人的心在躁动，心不清净啊！”躁动的本源，也许不是外界的影响，而是不坚定的内心意志。

心理学家指出，有意志的人的行为具有排难性。排难性的发挥受行动目的的影响，因此学习目标越远大，克服困难的毅力也就越强；排难性的发挥受行动后果的认识影响，因此对学习的意义认识越充分，克服困难的决心越大；排难性的发挥受知识和物质的准备的影响，准备得越充分，越有利于困难的克服。勇敢地同困难做斗争，有效地排除内外部困难，是排难性的发挥过程，也是意志的锤炼过程。

三、提升学习境界

著名学者王国维论述治学有三个阶段：在第一个阶段，“昨夜西风凋碧树，独上高楼，望尽天涯路”，学习经常是孤独和寂寞的，但只有坚持往上攀登的人，才能用更高的胸怀和站位瞻察路径，找到目标和方向。“立志”是学习精神奠定的基础。在第二阶段，“衣带渐宽终不悔，为伊消得人憔悴”，尽管求学过程遇到百般曲折和磨难，依然不放弃，只有最坚忍不拔的勇士才能摘取最甜美的果实。“坚持”是学习精神形成的关键。在第三阶段，“众里寻他千百度，蓦然回首，那人却在灯火阑珊处”，经历过磨难，到达豁达开朗的境界后，对别人看不到的东西也能明察秋毫，对别人不理解的事情也会豁然贯通。“感悟”是学习精神和境界的升华。

“白日不到处，青春恰自来。苔花如米小，也学牡丹开”，和学者大儒的距离，并不妨碍我们在自己的一方天地借鉴前人规律，寻找机遇，提升境界。对于青年学子来说，学习的第一重境界在于“守”，守住初心，虚心求学，不离不弃，坚持学习正道；第二重境界是“破”，打破“舒适区”，在既往的理论技能基础上，汲取经验，寻找一条符合自身规律的发展路径；第三重境界是“立”，在理论和实践的循环互动中，奠定自己的学习风格和特色，如此，终将学有所成。

经典阅读

言传身教　冉冉书香

——任弼时学习精神的家风传承

任弼时青年时期曾远赴苏联求学，在一天只能领到很少食物的情况下，忍饥挨饿地刻苦学习俄语，学习马列主义理论。回国后的 30 年革命生涯中，在客观条件受限制、家庭成员聚少离多的情况下，他依然坚持理论学习和实践探索，并通过言传身教，营造了热爱学习的好家风。

一、冉冉书香，坚定信念

任远芳是任弼时的小女儿，1 岁多的时候被留在苏联的伊万诺沃国际儿童院抚养。直到 1950 年任弼时到莫斯科治病，才再次见到远芳。女儿深知父亲关心自己的学习，所以，第一次带给爸爸的见面礼就是成绩单。看着女儿清一色的全优成绩，任弼时欣慰至极，连连夸赞女儿用功，但是，又告诫女儿：不要骄傲，学习一定要踏踏实实。在女儿远芳身边的 8 天，任弼时用浓浓的父爱给予她无微不至的关怀，从教小女儿汉字、汉话入手，为女儿将来回归祖国做准备。哪怕因为工作需要父女再次分别，他们依然坚持频繁通信，交流学习和生活的道理。

远芳决定回国后，任弼时唯恐她心思浮动，影响学习，特地在信中叮嘱：“你一定要好好学习。我对你 1 月 12 日至 26 日的学习情况很满意，并希望你继续努力学习。”“你的学习和生活怎么样？希望你详细告诉我。”去莫斯科接女儿回来时，任弼时特意给她买了几本苏联小说和几本课本，给她的姐姐弟弟们买了一些学习用品。在父亲的关心、帮助、辅导下，经过努力，远芳迅速掌握了汉语，连续跳级，3 年完成了国内小学的学习，考上了初中，后来又考上高中，上了大学。

即使是对不识字的妻子陈琮英，任弼时也有学习的期望和要求。青年时代去俄国留学前，他写信请父亲设法帮助陈琮英读书，说此事“乃儿终身之谋”。回国以后，任弼时专为妻子买来毛笔、钢笔和练习本，说：“从今天起，每天工作之余，你就练习写字。”从此，任弼时成了陈琮英的“家庭教师”。陈琮英直至 90 余岁依然每天练习毛笔字，可见影响之深。

任弼时一家在颐和园

（图片来源：任弼时纪念馆）

二、学以致用，锤炼成果

任弼时很注重孩子们的学习态度和方法。虽然他政务繁忙，工作紧张，身体又不好，但他总是抽空给孩子们讲革命故事和革命道理，经常检查孩子们的作业，并告诉他们：“人活着就要学习，要苦读书，勤读书，千万不要读死书”“学习要靠自己努力，要善于掌握时间去学习”；告诫孩子们既要学通中文，也要学会一门外语，所以他帮助一直在国内的女儿学习俄文，帮助在苏联长大的小女儿学习中文；亲手为儿子写好大字模，每天画圈打分；要求子女多看报纸，增加政治常识。在教育子女的问题上，他既坚持了孩子“靠自己努力”的原则，又能耐心地进行具体的学习指导。

任弼时还特别关注学习和实践的结合。他曾撰写《共产党员应当善于向群众学习》一文，深刻阐述了为什么要向群众学习以及如何向群众学习，并明确指出向群众学习的目的在于“改造我们党员的思想方法、工作方法，更加密切党与群众的联系”，并指出“理论与实践在我们的学习与工作中，是密切不可分离的”“学习马列主义理论的目的，就是从这些学习中能够得到方法，得到经验，去帮助我们解决实际问题”。新中国成立之初，他反复给子女们写信，叮咛他们学好技术，发展国家的工农业、科学事业。

谆谆教诲，言传身教之下，任弼时把自己年轻时刻苦钻研、与时俱进、注重调查研究的优良学风，传承给了后代。

（资料来源：任远芳口述，叶介甫整理《父亲的爱温暖我一生——任弼时女儿任远芳的回忆》，中国共产党新闻网，发布时间：2018 年 01 月 15 日；任远志口述，杨桂青、王小虎、黄朔整理《我眼中的任弼时》，搜狐网，发布时间：2011 年 10 月 08 日；王黎锋《任弼时始终坚持向群众学习》，中国共产党新闻网，发布时间：2016 年 07 月 08 日。）

点评　任弼时早年求学时刻苦学习理论，参加革命工作以后注重调查研究、理论联系实际，为党和人民的事业做出杰出的贡献。他的学习态度和学习精神形成一种正能量，对家人、对同事产生了积极影响。正所谓“身正为范，不令则行”。

从码头工人到享誉全国的“蓝领专家”——孔祥瑞

孔祥瑞，天津港（集团）有限公司煤码头公司操作一队队长兼党支部书记，全国优秀共产党员、全国劳动模范、“五一劳动奖章”获得者。他从一名普普通通的码头工人，成长为一名具备一流专业技能的专家，以其刻苦钻研、爱岗敬业、锐意创新的人生历程，展现了当代知识型产业工人的风采。

一、“可以没有文凭，不可以没有知识，生产实践这个大课堂，照样培养人”

1972 年，年仅 17 岁的孔祥瑞进入天津港工作时，仅有初中文化程度。他从这里起步，一点一点地把当时先进的门机设备的全部零件“啃”得清清楚楚，把十几吨的大家伙变成了自己的“铜肩铁臂”。1985 年，已经开了十几年门式起重机的他，参加了职工大学的考前培训班。那时候，孔祥瑞已经是值班队长，是队里的技术骨干。上学就要占用工作时间，岗位上离不开他呀！他人在课堂，心里却惦记着生产。上课第三天，孔祥瑞作了决定：告别课堂，重新回到他最牵挂、最热爱的工作岗位。

短暂的求学经历虽然停止了，但孔祥瑞的求知欲望却更加强烈了。他曾说，人可以没有文凭，不可以没有知识，生产实践这个大课堂，照样培养人。孔祥瑞把工作岗位当成课堂，把生产实践作为教材，把设备故障作为课题，把身边拥有一技之长的工友当作老师，勤奋学习、刻苦钻研。他找来设备说明书，一页一页地学，一项一项地啃，不明白的查资料，不懂的找人问，直到把厚厚的说明书弄通弄熟。孔祥瑞的家住在天津市区，距港口有 50 多公里的路程。那些年，他每天上下班都要坐汽车、倒火车、再换汽车，来回要走 5 个多小时。孔祥瑞总是带着书，如饥似渴地学习。

30 年来，他摸索出适合自身的“专学专用”法：“专学”——将所学的对象跟设备需要和实际操作紧密联系起来，弄不懂的找技术人员请教；“专用”——把学到的知识全部用于日常的工作，持之以恒，不仅所学的知识系统了，而且操作变得得心应手。孔祥瑞把“专学专用”看作一线工人的岗位优势。

孔祥瑞有个记工作日志的习惯，每天随身携带小本子，把观察到的任何情况，设备出现哪些故障、什么原因、修理过程、注意事项等都记录在案，他还把自己的想法、与队友讨论的结果及最终解决的办法一一记下。日积月累，一本本工作日志成为他最“亲密”的工作伙伴，成为他搞技术创新的资料库。

孔祥瑞的名字是与许多创造发明联系在一起的。他常说，“咱是操作工人，但不能只会操作，要敢于和善于革新改造设备缺陷”。正是在这个貌不惊人的小本子里诞生了很多后来为人们称道的技改项目，他的技改项目都是紧贴生产实践、实用有效的，虽由一点一滴的小事累积而成，却为企业为国家带来了巨大的经济效益和社会效益。

孔祥瑞有一项被国家知识产权局授予实用新型发明专利的“门座起重机中心集电器”，就是出自操作一线。那是 1999 年 7 月 1 日酷热难当的下午，时任天津港第六港埠公司门机队队长的孔祥瑞得知 1 号门机的中心集电器突然烧毁了，就第一个钻进了机房。门机被太阳晒了一天，黑咕隆咚的机房如“桑拿房”般闷热，不一会儿，他和张永建等 5 名技术骨干的工作服全被汗水湿透了。连续修了 10 个小时，门机恢复了生产，6 个人喝了整整 5 箱矿泉水。这对孔祥瑞的刺激特别大，“设备出问题，只能出一次，今天的汗水不能白流，累不能白受！”

后来，孔祥瑞带领技术骨干成立了攻关小组，改造中心集电器。有的技术人员嘀咕，这是美国公司的成熟产品，我们几个人干得了吗？孔祥瑞信心十足，只要有时间就召集攻关小组在一起查图纸、找资料，终于解决了中心集电器设计的诸多技术难题，但是在整体连接方式上，却束手无策。一天吃过午饭，孔祥瑞观察一辆汽车进港送货时，突然来了灵感，一拍大腿："有了！"汽车的万向传动轴有比较大的调整范围，正好适合中心集电器的连接使用条件。受此启发，他们着手重新测试、设计，试验一次成功。这项技术革新得到了港口机械专家的充分肯定，孔祥瑞和同事共同发表了论文，获得国家专利，还被生产厂家广泛地应用在新产品中。

孔祥瑞不仅自己几十年如一日地坚持钻研学习，作为全公司甚至全国闻名的技术尖子，他还千方百计调动大家学习的积极性。在一次现场巡视中，孔祥瑞发现堆取料机旋转系统制动器不对劲儿。当天风力达 6、7 级，旋转制动器失灵意味着长 55 米、自重 140 余吨的堆取料机大臂有在空中画圈的危险。在他的指挥下，大家立即更换了制动器。制动器故障是以前从没出现过的问题，孔祥瑞把拆下的制动器搬回车间，打开以后，发现起制动作用的摩擦块由原来的 22 毫米磨到只剩 10 毫米左右，已无法起到抱死制动的作用。在掌握了螺丝和压簧的调节方法后，孔祥瑞对制动器的失灵和维修已了然于胸，但是他没有立即安排调试。周一一上班，他把副队长和全体维修电工集合起来，组织大家进行现场分析和技能培训，在介绍了原理和亲自示范之后，他让大家挨个儿调节压簧与摩擦块的间距，直到熟练掌握。

就是这样，他想尽一切办法把自己掌握的技能传授给身边的工友，甚至在技术上取得的每一个突破，在工作上体悟的每一点，他都要传达给团队，变成大家共同的知识、共同的本领，不断提高全队的操作水平和维修技能。同时，他还把自己记日志的习惯培养成全队技术骨干的习惯，变为"工作法"，让团队整体受益。在他的影响下，全队学技术蔚然成风。

二、"当今，工人有了知识、有了技能，才能有力量！"

岗位上的刻苦钻研，使孔祥瑞逐渐成长为一名专家。一次，码头上一台门式起重机的旋转大轴承出现异响。这有可能是缺少润滑，但也可能是重大事故的前兆。如果不拆卸进行彻底检修，门机就有可能瘫痪；如果拆卸下来后发现没有问题，企业会蒙受上百万元的经济损失。拆还是不拆？在场的企业领导和工友们都用期待的目光看着孔祥瑞。孔祥瑞冷静地又听了听响声，果断地说：是轴承坏了，必须拆！根据他的提议，公司请来 900 吨的海上浮吊进行作业。伴随着海吊的隆隆声，门机上半截被缓缓吊起，回转大轴承拆了下来。结果却出人意料，回转大轴承正面完好，没有异常。难道他判断错了？孔祥瑞陷入沉思。他认定是轴承损坏，也许问题隐藏得更深。他冷静地指挥吊车将大轴承翻了过来，答案终于浮出水面，只见正面完好的回转大轴承背面，滚珠已经散落出槽，如果继续使用，后果不堪设想。

这件事没过多久，又一台 40 吨门机发生类似的异响，有的同志建议拆下更换。而这一拆一换，公司将付出 400 万元！祥瑞并没有“照方抓药”，经过反复的查看，果断判定是旋转大轴承缺油所致，加了两桶油后异响果然消失了，凭着他丰富的经验，仅此一项就使企业避免了 400 多万元的经济损失，他“听音断病”的绝活也出了名。

2001 年，天津港吞吐量冲击亿吨，作为当时全港最大的装卸公司，六公司承担的作业量达 2 500 万吨以上。作为公司固机队队长，孔祥瑞深深感到肩上担子的分量。六公司装卸作业以煤炭为主，门机是完成生产任务的主力。固机队就是负责 18 台门机养修的“大管家”，可以说，公司生产完成多少指标看门机，门机状态效率如何就看固机队下的功夫了。公司拥有的 18 台当时世界先进的 40 吨大型门机，被称为“18 条好汉”。说它们是“好汉”，不光是它们高大威武，更因为它们是公司生产的“顶梁柱”：2000 年，公司 18 台门机“出满勤、干满点”，完成货物吞吐量 2 000 万吨以上，平均每台门机完成近 120 万吨；门机使用率在全国港口排位第一，完好率始终保持 98%以上，是名副其实的“铁军”。2001 年，还是这 18 个“弟兄”，而面临的任务总量却要增长 30%！

冲击亿吨，全港上下都是立了“军令状”的，尤其这个天津港最靠大海的突堤，已被人们视为进军新征程的“旗舰”。公司领导曾诚恳地征询过孔祥瑞的意见：“固机队有什么困难？”“没有！一定完成任务！”孔祥瑞的回答斩钉截铁。

言犹在耳，孔祥瑞的眉头已紧紧聚在一起。客观现实明摆着：门机作业时间已达极限，一味蛮干只会增加生产的不稳定因素。怎么样才能让门机再“加把油”？孔祥瑞为了寻找答案，寝食难安。

那阵子，孔祥瑞满脑子都是门机在转，从门机抓斗作业的第一个动作到最后一个动作，在他眼前不停地“过电影”，稍有疑惑，他马上跑到门机前实地观察。工人们知道，孔队是在为“小马拉大车”想办法，可谁不会想到，他心中已有一个“大计划”悄然酝酿。

经过反复观察他发现，门机抓斗在放料时，纵向斗瓣先打开，既而横向斗瓣打开，一前一后间，起升动作会出现 10 秒钟左右的停滞现象。这个不易被人发现的作业空挡，在有心的孔祥瑞看来，无异于“新大陆”！

为了和时间争抢这宝贵的“10 秒钟”，孔祥瑞铆足了劲：为摸清抓斗操控线路，他在门机机房里一待就是一整天；为绘制一幅合理的结构图纸，他常常守在灯前埋头一晚；为获得最新的门机生产资料，他不辞辛苦拜访各门机生产厂家的专家骨干……

他发现，改变门机动作要从改造门机的“大脑”——主令控制器入手。凭借对门机的熟悉，他将门机动作控制系统进行“解剖”，与队里技术骨干共同研究，把抓斗起升、闭合控制点合二为一，并将主令控制器手柄移动轨迹由“十”字形丰富成“星”形，在抓斗打开和提升的两个轨迹之间增加一个新轨迹，让上述两个动作沿新轨迹用一个指令同时完成。“门机主令器星形操作法”在全队进行了推广，实践表明，门机每完成一次作业可节省时间15.8秒，平均每天多干480吨，当年就为公司创效1 600万元。现在，这个港口技术工人自己创造的“金点子”成为同行业关注的新技术，2002年，“门机主令器星形操作法”被天津市总工会以孔祥瑞的名字命名，成为天津市职工十大优秀操作法之一。

孔祥瑞主持开展技术创新项目达150余项，为企业创造效益8 400多万元。在创出经济效益的同时，也使他所在部门的机械设备使用管理迈上新台阶，设备管理跨入同行业全国领先、世界一流水平。他的专利发明和技术改造，虽然没有高深的科技含量，但却可以弥补现代化设备不完善之处；虽然不是惊天动地的科技创新，但是一点一滴从生产实践中来，可以使设备最大限度地发挥作用。港口工人不仅要用汗水，更要用科学技术和聪明智慧为国家和企业创造效益，这是新的使命和责任，他说“我最喜欢唱《咱们工人有力量》，当今，工人有了知识、有了技能，才能有力量！”（资料来源：《全国道德模范孔祥瑞：立足岗位　成才报国》，中国文明网道德模范频道，发布时间：2012年10月17日）

点评　从一名初中文化的港口工人到享誉全国的“蓝领专家”，孔祥瑞坚持边干边学，在实践中累积经验本领。“机会只对进取有为的人开放”，理论实践结合而生的动力推动了他奋勇突破，抓住时代的机遇，在取得丰硕的人生成果的同时，也做出突出的社会贡献，实现了个人价值和社会价值的相统一。

榜样力量

心怀梦想　向阳而行
——访岳阳职业技术学院护理学院学生罗广广

2018年，由教育部等部委主办的全国职业院校技能大赛高职组护理技能赛落幕，来自全国30个省、区、市的135名选手同台竞技。岳阳职业技术学院护理学院学生罗广广代表湖南省参赛，凭借出色的表现力压群芳，斩获二等奖。其实，这不是她第一次参赛，在中职学习期间，她就参加过全国职业院校技能大赛并获二等奖。在高职学习的3年间，她分别在2018年湖南省职业院校高职护理技能竞赛中获一等奖，2019年职业院校护理技能“赛证融通”邀请赛中获个人优秀奖。

是什么原因促使罗广广在护理学习之路上孜孜不倦，屡获佳绩？我们对罗广广和她的朋友进行了采访，希望她的故事能为后来的学子提供一些经验。

（图片来源：岳阳职业技术学院官网）

记者(简称记)：罗广广你好！你中职学的是护理专业，高职依然选择了护理专业。是什么原因让你这么坚持在护理这条路上走下去？

罗广广(简称罗)：我继续选择读护理更多出于对护理专业的热爱和兴趣。我从小就有一个成为白衣天使的梦想，觉得护士是圣洁而美丽的职业。在我读初一的时候，妈妈生病住院，那个时候来的频繁、见的最多的就是护士，觉得她们很温柔也很细心。

还有，我在中职实习的时候，遇到过一次抢救，那个时候我 17 岁，第一次见那种场面，也的确是被吓到了。当时的带教老师很镇静，有条不紊地进行操作，最后病人被抢救过来了。事后，老师跟我说以后不管遇见什么事，首先自己一定要“稳住”，这样思路才不会乱。在临床实习中，看到患者在老师们的精心护理下逐渐恢复健康，自己心里也是很开心的。

中职的护理学习让我渐渐热爱上了这个专业，所以在高职我选择了继续深入学习护理专业。父母年纪大了，身体总会这里不舒服那里不舒服，学到的一些基本的预防知识还能帮助他们调理身体。我喜欢做的事会一直坚持，就像参加比赛，中途有过很多困难和挫折，但我从来没想过放弃。

记：说到比赛，有些同学想参赛，但是觉得自己不够优秀，竞争太大，不知道该怎么准备才能选上，也害怕去参赛是当“炮灰”。你有什么建议吗？

罗：首先一定要对自己有信心，参赛是去学习新的知识，锻炼自己的技能，丰富自己的学识。千万不要抱着“我一定要拿奖”的心态——当然拿奖是大家都希望的，但如果抱着这样的心态，就会给自己太大压力了。

就我来说，在大一参加比赛时，我的成绩虽然不是班级第一，但也是前三名。我并不因为之前有过比赛经验，就觉得自己很厉害，而是抱着去探索、学习新的知识的想法参赛的。在准备比赛过程中，有一段时间，可能由于压力过大，对理论学习感觉到很吃力，也尝试过自我调节，只是效果不大，后面我的指导老师每个晚上都会陪着我，给我梳理知识体系，帮助我找到更好的记忆方法。

参加高职的比赛是一个新的起点、新的开始。参赛经验丰富、理论和操作基础扎实、性格好、说话温柔等都是我的优势，但备赛过程肯定还是辛苦的，老师比我们更辛苦——要陪着我们练习，研究新的训练方案等。虽然辛苦，但开心的时光更多。每次比赛都是一次成长，我在理论知识、操作技能、人际沟通、礼仪礼貌等多方面都得到了很大的提升。在比赛过程中遇到的每个人我都会记在心里，感谢相识。

记：在准备比赛的过程中，你的作息和学习时间和班上的同学不太一样，那你有没有过一种脱离正常学习和集体的孤独感？

罗：先说备赛期间的学习。虽然当时大部分时间在训练室度过，但是一些专业课我还是坚持去上，专业课老师也会来给我们辅导理论，所以我的理论和操作学习都没有落下。

再说备赛期间的生活。当时的作息时间的确跟同学们不一样，但我并没有产生孤独感，因为老师、同学、室友们的支持和鼓励让我感觉很暖心。每天早上 6 点半左右，我就从寝室出发去练习了，晚上 11 点左右才回宿舍，多多少少会打扰到室友们的休息。其他宿舍周末都可以睡个好觉，但由于我要训练，周末也要早起，室友们也就难免被我吵醒，但她们什么都没有说，都很支持我，这也让我很感动。

记：现在你已经实习了，在学校学习的技术和参赛的经历，能让你在工作中很快适应、上手吗？还是说工作的情况和学校还是有很多不一样？

罗：在学校学习的理论和操作技能真的让我很受益，可以说是我一生中的一个闪光点。我实习的第一个科室的带教老师表扬我操作好、上手快、人文关怀到位。在学校严格有序的训练让我在工作中也能很快适应，对新知识吸收得也很快。当然，实习的时候还是要多积累经验，多学习新知识新技术，毕竟医卫类专业知识和技术更新得也很快。

进入工作单位后，如果有比赛，合适的话还是想去参加，锻炼自己，学习新的知识。

记：何纤你好！作为罗广广的朋友，你认为她能够学好学业、参赛获奖，最重要的因素是什么？她的优势主要在哪些方面？

何纤(简称何)：我认为她的优势在于：第一，她有参加技能大赛的经验，所以在技能操作上，她能不断地、快速地完善和提升。

第二，她对护理这个行业怀揣着一颗炽热的心。面对这次比赛，她也曾经跟我们诉说过遇到的困难，每天日夜循环做同样的事情是很枯燥的，即使她有着一定的基础，也要非常刻苦地学才行。

第三，她本身就是一个比较执着、有耐心并且温柔的女孩子，颜值也是挺高的，有足够的气场，站上赛场就能“秒杀”大部分选手。很多时候她遇到阻力时，会进行自我鼓励，告诉自己参加这个比赛不仅是为了个人荣誉和为校争光，也是自己人生的一个梦想。坚定的信念是支撑她走到最后、取得胜利的重要因素。

记：在学习、生活、比赛中，有没有哪一件事情让你印象很深刻，能够充分体现她的性格特点？

何：那就跟您说说我最初见她时发生的事情吧。新生开学军训时，我们来自不同班级，都担任班长的职务，所以工作上接触挺多。班长每天不仅要训练，还需要填写上交各种表格。有一次，我们要上交班级学籍信息表，要输入的内容很多，上交的时间也很紧急。当时，我们对制作表格都不是很熟练，所以操作起来很慢，很耽误时间。当她好不容易录入完毕，班上同学又陆陆续续来更改信息，她从来不抱怨，都只是耐心地等待、修改。

表格做好以后，眼看快到上交的时间了，办公室突然断电，文件都没来得及备份，电脑就关机了。来电以后发现辛苦做好的文档没有了，那时真的很绝望。我们都是利用中午休息的时间去用办公室的电脑做表格的，饭也没吃，做了 2 个多小时才做好，又发生这样的事，当时很崩溃。再过 1 个小时要上交了，下午的军训也要开始了，老师说可以迟一点上交没关系。但她平复好心情之后，赶紧坐回电脑旁，有条不紊地再次录入信息。那个时候，她整个人已经很疲劳了，让她先吃点东西垫垫肚子她也不肯，坚持要在规定时间完成任务。她加快了速度，我都在一旁看的是眼花缭乱，但她还是十分细心地统计着同学们的信息，最终在规定时间内完成了。

她很好强，也十分执着，什么事情既然做了，她就想做好，即使出现意外，出现困难，她每次都是迎难而上。

后记：通过对罗广广和她同学的采访，我们总结了这位优秀职院学生身上的闪光点：

一是懂得感恩。感恩是她奋斗的原动力，感恩父母，所以想要精进自己的技术，给家人提供更好的照料；感恩老师，所以她理解老师对自己的要求和锻炼，不会在繁忙的学习、比赛中心生抱怨；感恩朋友，采取积极正面的态度去应对人和事，心中有阳光，所以才能产生温暖的力量。

二是信念坚定。她对于自己想从事的职业，很早就有思考和想法，而不仅仅是听从家人的建议，或者跟风选择专业。为了要实现理想，她的信念是十分坚定的。别人认为充满困难的比赛，她愿意勉力而为，别人认为十分艰苦的训练，她可以克服阻碍走到最后。心中有理想信念，才能凝聚坚持的勇气。

三是努力钻研。虽然有过获奖的荣耀，但她并没有包袱，没有过多地去想"上次获奖了，这次如果没获奖怎么办"，而是每次都以一种"归零"的心态学习、工作。她像一块小小的海绵一样，尽最大努力地吸收一点一滴的知识技能，最终这些努力，都会变成她的光芒和荣耀。越努力，越幸运。

从优秀的人身上汲取经验，可以帮助我们朝着优秀前进。对于我们职院学生来说，不虚度大学时光，可以从以下三个方面做起：

首先，树立明确的目标。个别同学入学时就抱着得过且过、拿个毕业证就了事的态度，入学后，整天无所事事，浑浑噩噩，浪费了大好时光。为了避免这种情况，高职学生在进入大学之初，就应该给自己设定目标，比如专升本、考专业技能证书、学计算机、提升某方面技能等，设定目标后，制定好相应计划，并坚持执行，这样能够使自己的大学生活更加丰富和充实，有利于提升自身能力。

其次，分清主业和副业。手机的普及和网络的发达，为我们的生活提供了便利，也给我们提供了更多的娱乐项目。在大学校园里，随处可见埋头玩手机的同学，很多同学不仅是课后手机不离手，课堂上也往往无心听讲，沉迷于手机游戏和影音娱乐而无法自拔，整个大学生活就这么荒废了。毕业时，专业知识、专业技能一窍不通，就业、择业也就无从谈起。因此，大家对于手机游戏、影音娱乐应该有正确的认识，适度娱乐，努力学习。

最后，把握时代脉搏。也许有的同学不喜欢理论学习、不喜欢参加社团活动、不想升本读研，但是请一定要培养自己积极向上的生活态度，培养对家庭、对社会的责任感，做出正确的选择并坚持到底。当今的中国，给年轻人提供的机会是多方面的，创造的生存空间也是巨大的。很多人在非传统的职业上都取得了成功，开网店、做直播……在时代的浪潮中，如何找准自己的定位，搭上时代的顺风车，实现人生的突破，是我们一生都要思考的问题。（供稿：岳阳职业技术学院杨婧雯、罗广广、何纤）

点评　我国技能人才缺口达2000多万，职校学子要结合社会发展形势，选择钻研不同专业技能，在"千军万马过独木桥"的高考中另辟蹊径，在倡导劳动光荣的社会风尚和精益求精的敬业风气上迈开新步伐，在我国制造业、服务业迈上中高端、走向高质量发展的历史契机中找到新方位。职校学子通过努力学习和实践，也能走出精彩的人生道路。

寻访张超烈士足迹

指导思想：张超，男，湖南岳阳人，1986 年 8 月出生于湖南岳阳。2003 年 9 月，空军到张超就读的岳阳七中招飞行员，他报名应征。2004 年 9 月，张超顺利通过层层考核选拔，成为当年全校唯一的飞行学员，光荣入伍，并于 2009 年 5 月入党。生前系某舰载航空兵部队正营职中队长，歼 15 舰载机一级飞行员，海军少校军衔。2016 年 4 月 27 日，张超在驾驶舰载战斗机进行陆基模拟着舰接地时，操纵系统突然失灵，危急关头，他果断处置，尽最大努力保住战机，推杆无效，被迫跳伞，由于弹射高度太低，主伞无法打开，座椅没有分离，张超坠地受重伤，抢救无效，壮烈牺牲，为我国航母事业献出了宝贵的生命。2016 年 11 月，中共中央总书记、国家主席、中央军委主席习近平签署命令，追授张超同志“逐梦海天的强军先锋”荣誉称号。2018 年 6 月，追授张超为“全国优秀共产党员”。2018 年 9 月，中央军委批准张超为全军挂像英模。2019 年 9 月，习近平主席签署主席令，授予张超“人民英雄”国家荣誉称号。

通过本次寻访活动，缅怀先烈，让学生对身边的革命烈士有更深的了解，继承先烈遗志，传承红色基因，感悟生命的真谛，做有责任感和使命感的新时代大学生。

活动时间：清明节前后。

参加人员：全体新生。

活动内容：

（1）搜集与烈士相关的知识、图片、故事。

（2）参观烈士事迹展区，倾听讲解。

（3）瞻仰烈士纪念区，在烈士碑前鞠躬致敬、献词。

（4）清扫烈士墓区。

具体安排见下表。

具体时间	活动内容	活动地点	负责人
7:00—8:00	乘车出发	学院广场	
8:10—9:00	参观、倾听讲解	烈士事迹展区	

（续表）

具体时间	活动内容	活动地点	负责人
9:10—9:40	敬献花篮，宣读誓词	烈士纪念区	
9:50—10:30	清扫	烈士墓区	
10:40—11:40	乘车返回	学院广场	

注意事项：

（1）活动期间，为确保安全，必须服从安排，统一行动。

（2）活动内容多，时间紧，须严格遵守每项活动的规定时间。

（3）做好笔记，拍照留存。

一、专题讨论

围绕祭奠革命烈士活动，以“传承红色基因，做骆驼式的现代职业人”为主题组织专题讨论，结合自己的专业学习写下感悟。

二、主题宣传

以学校宣传栏、班级黑板报、主题班会、学院官微、思政视频号为载体，开展以“传承红色基因，做骆驼式现代职业人”为主题的专题宣传。

第三单元

担当精神：任劳任怨、认真负责

> 担当精神是指坚持原则、认真负责，面对大是大非敢于亮剑，面对矛盾敢于迎难而上，面对危机敢于挺身而出，面对失误敢于承担责任，面对歪风邪气敢于坚决斗争的精神。

一、什么是担当精神

《现代汉语词典》中对“担当”的解释是“接受并负起责任”。在新时代，担当的内涵应该和时代发展的步伐接轨，充分体现时代性、现代性。担当精神要求青年一代在为人处事的时候要富有使命感，充满责任感，敢为自己的行为负责。责任是担当的内核，担当是责任的外化。没有责任，担当便无从谈起，没有担当，责任便不能落到实处。

担当是一种精神品质，彰显了人们积极向上的人生态度，反映了人们的价值取向和价值追求，体现了人们在面对事情时候的自觉态度和选择；担当是一种处世态度，体现人们在行动中坚持自我、敢于负责，在责任意识中获得成功、超越自我的良好心态和状态；担当是一种使命，是时代赋予每个人的责任，大学生应该深刻认识到这个时代赋予青年一代的使命，为把我国建设成为社会主义现代化强国而奋斗终生；担当是一种境界，它展现了一个优秀人才的宽广胸襟和无私奉献的精神境界，体现了一个全面发展的人应该具备的人生修养和价值取向；担当是一种能力，反映了一个人所具有的感知、认知和践行的能力，是一个人道德素养和综合素质的集中体现；担当是一种实际行动，它承载了实践活动本身。倘若离开了实际执行力和最终结果空谈担当，那么担当就失去了它本身的现实意义。

因此，担当精神内涵丰富，它以道德、责任、情感、认知和践行为核心，是知行统一的价值体系，是多种因素相互作用、融合的思想品质，其实质是正确的世界观、人生观、价值观的精髓和核心，体现了人生理想信念和价值追求，贯穿人生实践成长的每个阶段，是对自己负责、对社会和他人负责的价值体现。是否具有担当精神是衡量大学生综合素质的标尺之一。一名合格的大学生应该具备强健的体魄、健全的人格和坚强的意志，更要具有优秀的品质。只有敢为人先、勇于担当的人才能在大是大非面前坚定信念、不动摇不退缩，才能在困难面前迎难而上、直面问题，才能在艰难困苦面前砥砺前行。中华民族自古以来就是一个负责任、有担当的民族，在传统道德文化的熏陶和现代先进文化的发展历程中，历练出了一批批有信仰、有担当、有抱负的人。例如著名地球物理学家黄大年，他放弃国外丰厚的待遇和优裕的生活，抱着“振兴中华，乃我辈之责”的信念，踏上了报效祖国的征程。他潜心育人、勇挑重任的事迹，舍小我为大我的高贵品质和担当精神，激励并鼓舞着每个年轻人，把爱国之心、报国之志与自己的人生价值结合起来。

二、新时代青年勇于担当的重要性

中国特色社会主义进入新时代，这是党的十九大做出的重大政治判断，也是对我国全面建成小康社会，进而全面建设社会主义现代化强国的热切期盼。这个新时代需要全体中华儿女团结奋斗、齐心协力，当然更离不开有理想信念、为实现美好生活目标砥砺前行的青年，他们的勇气与智慧是国家富强的有力保障。党的十九大报告提出“使命呼唤担当，使命引领未来”。大学生是社会主义事业的合格建设者和可靠接班人，是在高等学府里接受高等教育的特殊群体，他们有着较高的综合素质和知识底蕴，承担着推动社会发展进步的艰巨使命和责任。同时，青年一代是否具有担当精神，关乎国家未来和民族兴衰。习近平总书记在党的十九大报告中指出“青年兴则国家兴，青年强则国家强。青年一代有理想、有本领、有担当，国家就有前途，民族就有希望。”为了实现中国梦，青年一代要勇做新时代的弄潮儿，牢记历史和人民赋予的使命，富有“大道之行，天下为公”的爱国情怀，用以爱国主义为核心的民族精神和以改革创新为核心的时代精神武装自己的头脑，把自我成长和未来发展规划与国家前途命运紧密结合起来，坚定共产主义理想信念，锐意进取，攻坚克难，在追求中国梦的过程中实现自己的人生价值。总的来说，青年一代必须勇担重任，坚定理想信念，志存高远，不辱使命，追随时代发展的大格局。

三、如何培养担当精神

坚定科学信仰。新时期的大学生在心中一定要树立科学的信仰，即马克思主义信仰。只有坚定信仰才能抵制诱惑，克服懈怠，保持坚韧不拔、锐意进取的精气神，新时代的青年大学生要做到心中有信仰，脚下有力量，脚踏实地，坚持担当。

坚持学习提高。当今时代，大数据、信息化浪潮全面袭来，信息获取渠道不断得到优化，整个世界的知识体系不断更新，甚至真正出现了“知识饱和”“知识过剩”的状况。面对新的时代背景、新的世界发展机遇、新的领域，青年一代如何才能成为“弄潮儿”？唯有持续、不断地学习，才能拉近与整个大时代的距离，才能在新时代的发展过程中追逐属于自己的梦想。在大数据时代，过去的学习方式已经难以满足实际需求，知识的膨胀要求青年一代学会转换思路、创新学习方法，努力、持续地学习新知识，同时在不断学习的过程中努力践行担当精神。

接受实践锤炼。马克思的墓志铭上镌刻着“哲学家们只是用不同的方式解释世界，问题在于改变世界。”这句话对践行理想信念的重要性进行了充分的言说。在理解、诠释、信仰担当精神的同时，要学会在现实中践行担当精神，践行出真知，践行出思想，践行促进我们对担当精神的重新认识和再次诊视。青年一代要以当今时代发展的新局面为契机，以新时代所带来的新机遇为依托，既树立理论层面的担当精神，又培养实践层面的担当品质。

二次入牢——任弼时坚贞不屈、临危不惧的担当精神

1928 年 7 月，党的六大在莫斯科举行，任弼时虽然因留守中央主持中央日常工作，没有出席这次党的全国代表大会，但由于他的出色工作，仍被与会代表选为中央委员，

同年 9 月，任弼时作为中央代表赴安徽省巡视党的工作，就是在这次巡视中，任弼时第一次被捕。这年 10 月中旬，任弼时在共青团安徽省特委书记的陪同下，到南陵县巡视工作，当时，南陵县有党团员 20 多人，由于通信泄密，县委书记被捕入狱，党组织遭到严重破坏。任弼时到南陵就是为了恢复当地党的组织。就在任弼时参加南陵党团骨干会议时，由于叛徒的出卖，他被国民党特务逮捕。10 月 16 日，敌人在南陵县党部审问任弼时等人，主审官是当时的南陵县县长，并有两名叛徒出庭参加陪审，由于任弼时刚到南陵，两名叛徒不认识他，所以，敌人审问时，任弼时镇定自若，沉着应对，始终没有招供。

“你叫什么名字?”

“胡少甫。”

“哪里人?”

“湖南人。”

“什么职业?”

“长沙伟伦纸庄的学徒。”

“到南陵干什么了?”

“催收账款。”

任弼时对答如流，没有露出丝毫破绽，敌人不肯罢休，他们在搜走了任弼时身上的 80 多块大洋后，便对其进行严刑拷打，“踩杠子”“夹手指”，用尽了种种酷刑，但任弼时始终咬定口供，不暴露身份。敌人在用尽刑讯而一无所获，且又拿不出任何证据的情况下，只好以“共党嫌疑分子”的罪名，将任弼时押解到当时国民党安徽省政府所在地安庆，在从南陵到安庆的船上，任弼时遇到了正好到安徽做丝线买卖的当年在长郡中学当工友的彭佑亭。他趁押解的敌人不备，托彭带口信给在长沙第一纱厂当工程师的堂叔，要其把自己被敌人抓住的消息及时通报给在上海的妻子陈琮英，陈琮英接到堂叔任理卿的电报后，立即将这一情况报告给党中央。

任弼时被押解到安庆后，被羁押在饮马塘特种刑事法庭的看守所，在看守所，任弼时非常谨慎小心，注意斗争策略。他经常对年轻的同志说：你们年轻人有热情，这是值得肯定的。但是，也有个致命的缺点，就是有时太急躁，总想马上冲出监狱，和敌人战斗。你们的这些想法自然是好的，但我们现在明明知道没有这样的条件，就要作长期的打算，准备坐牢，要利用这个机会，抓紧时间学习，以便将来出去后更好地为党工作。同时，在敌人审问我们时，也要坚持有理有力地斗争。

党中央接到陈琮英的报告后，知道任弼时还没有暴露自己的身份，于是，一方面由党组织出面，到安徽找关系活动；另一方面，立即派人陪同陈琮英赶到长沙，通过正常的渠道营救任弼时。任弼时向敌人承认的身份是长沙伟伦纸庄的学徒，而该纸庄就是陈琮英的堂兄经营的，所以，陈琮英一到长沙，就和堂兄联系好了，统一了口径，即任弼时就是胡少甫，是长沙伟伦纸庄的学徒，受纸庄经理的指派，到南陵催收货款。接着，陈琮英又按中央的安排，以纸庄东家的身份，请当时长沙有名的四大律师之一何维道赴安庆解救任弼时。在法庭上，何维道据理力争，谴责国民党南陵县党部滥抓无辜，把伟伦纸庄的学徒当作共产党的嫌疑犯抓进监狱，是严重侵犯人权，并要求法庭到长沙查核胡少甫的身份。由于陈琮英按照党组织的要求，早已在长沙安排好了一切，所以，当国民党安徽省法院到长沙查证胡少甫的身份时，得到了纸庄的印证，并出具了保证书，就这样，任弼时于年底经党组织营救出狱，获释后他立即从安庆回到上海。

1929 年 3 月，任弼时受党中央指派，出任中共江苏省委常委、省委宣传部部长，8 月中旬，任弼时代理中共江苏省委书记一职，就是在这以后不久，任弼时又一次被敌人逮捕。

1929 年 11 月的一天，任弼时冒雨到上海公共租界的华德路竞业里出席江苏省团省委扩大会议，刚走进竞业里的大门，就被门后闪进的几个暗探抓了起来。敌人不容任弼时分辩，就强行把他推上了警车，任弼时被押到上海汇山路的巡捕房拘留室后，见当时江苏省的一些团干部已经被敌人抓了进来。时任共青团上海浦东区委书记见任弼时被带进了拘留室，忙想站起来打招呼，任弼时立即用手压住他，暗示他不要相认，因为敌人都不知道这些人的身份。对此，这位同志后来曾回忆说："我进拘留室不久，任弼时同志也被押了进来，我不禁暗暗吃惊，弼时同志冷静地环顾四周，然后跨过躺着的人，朝我走来，我刚要站起来打招呼，弼时同志即按住我的肩膀，并在我旁边坐下。"

敌人走后，任弼时对被抓的其他战友说：敌人还不知道我们的真实身份，我现在的化名叫彭德生，是从江西来上海投亲谋职的失业青年，因记错了门牌号码而被误抓，你也一定要咬定自己是内山书店职员。听了任弼时的话，大家点了点头，表示理解了任弼时的意图。尽管敌人一时没有弄清任弼时等人的身份，但为了从他们身上获取有用的情报，巡捕房还是对他们施用了重刑。开始，巡捕们只是用皮鞭抽，轮流用皮鞋踢，后来见任弼时坚贞不屈，便对他使用电刑。电闸一开，任弼时顿觉心跳剧烈，身如乱箭穿刺，脑袋发胀，眼球外凸，继而天旋地转，陷入半昏迷状态，敌人用冷水浇醒任弼时后，继续升高电压，直到两个电极在任弼时背上灼出了两个拳头大的窟窿，发出皮肉烧焦的臭味时才善罢甘休。

但是，任弼时以顽强的意志，经受住了全身的痛楚，没有向敌人说一个字，表现出了一个共产党员的崇高品格。对此，有位和任弼时共同经历过这次患难的同志是这样回忆的："敌人不相信我们的口供，对我们两次用刑，特别是第二次，施用了惨无人道的电刑。弼时同志在第一次受刑回到拘留室时对我说：'我们共产党人是用特殊材料制成的，要经得住考验，随时准备用自己的生命去殉我们的事业。'弼时同志的谆谆教诲，给了我巨大的精神力量。”

任弼时等人被捕后，党中央极为重视，中央特科一科具体负责实施营救工作。党组织了解到，敌人实施抓捕，仅仅是因为在搜查时任上海反帝大同盟党团书记时，搜到了一张写有上海竞业里地址的字条，并没有掌握其他真凭实据，而且也不知道任弼时等人的真实姓名，所以，敌人只是以“共产党嫌疑分子”的名义，将任弼时等人拘捕的。根据这一实际情况，党中央决定通过合法的渠道，与敌人打官司，以营救任弼时等人。

当时，中央特科通过关系，请上海著名的律师出庭为任弼时等人辩护，最后，敌人在律师义正词严的反驳下，只得以所谓的“危害国家安全罪”关了任弼时 40 天后将他释放。对此与他同时被捕的一位同志是这样回忆的：“12 月 12 日，上海公共租界会审公堂（今浙江北路）开庭审判我、弼时同志等人，因同案同时受审。审判时，党派了两位律师为我们出庭辩护，并在候审室听取了弼时同志的口供。在法庭上，我们重复了在汇山巡捕房时编造的口供，随后，律师出庭辩护，指出帝国主义分子在中国滥捕无辜中国公民，是侵犯我国主权的违法行为。法官被问得词穷理亏，宣布休庭。等第二次开庭时，法官借口‘危害国家安全’，判处张永和刑期两月，我和弼时同志刑期各四十天。”

1929 年 12 月 25 日，当租界的洋人们正在欢度圣诞节时，任弼时带着还没有痊愈的被敌人毒刑拷打时留下的伤痕，走出了上海提篮桥监狱，回到了党的怀抱，重新投入到轰轰烈烈的革命斗争中。（资料来源：施一夫《他是中国人民的“骆驼”——任弼时同志的故事之二》，《学习导报》，2004 年第 4 期，第 60－61 页）

“两弹一星”元勋邓稼先：轻生许国，正是我辈理想

邓稼先于 1924 年出生在安徽省怀宁县。在北平上小学和中学以后，于 1945 年自昆明西南联大毕业。1946 年的夏天，毕业后的邓稼先受聘担任北大物理系助教，回到阔别了六年的北平。这期间他一面当助教，一面积极准备留学美国的考试，并在 1947 年顺利地通过了考试，到美国普渡大学攻读博士学位。1948 年秋天，邓稼先从上海启航，向大洋彼岸驶去。临行前，他的一位好友对他说“中国天快要亮了”，邓稼先听了笑了笑，说了这样一句话——“将来祖国建设需要人，我学成后一定回来。”

在西南联大打下的坚实基础让他在美国的学习变得轻松，邓稼先各门功课优异，还拿到了奖学金。这段时间，邓稼先集中了大量的时间和精力钻研他所喜爱的物理学。邓稼先仅仅用了一年零十一个月便读完了三年的课程，并完成博士论文，顺利通过了答

辩，获得了学位。1950 年 8 月 29 日，邓稼先收拾行李登船回国，这位刚取得学位 9 天的博士放弃了美国优越的生活和工作条件，回到了当时一穷二白的祖国。邓稼先实现了他两年前离开中国时说的诺言——“我学成后一定回来”。回国后，外事办的人问他：“带了什么回来了?”邓稼先答：“带了几双中国还没有的尼龙袜子，还有一脑袋的原子核的知识。”

学成归国的邓稼先成为中科院近代物理研究所的一名助理研究员。他扎实的学科基础、高水准的专业水平和科研能力、流利的英文和俄文让负责筹备组建核武器研究队伍的钱三强选中了他。

1958 年 8 月后，我国自主设计开发核武器的工作正式启动，年仅 34 岁的邓稼先成了领头羊，其他的小组成员都是刚刚走出校门的大学生。当时，我国核武器理论研究工作从零开始，这群年轻人面对的挑战可想而知。要知道，美国第一颗原子弹的科研队伍中仅诺贝尔奖得主就有 14 人。当时苏联支援我们的专家事实上实行技术封锁，邓稼先等人并没有获得多少帮助，后来，中苏关系恶化，苏联专家干脆全部撤走。

邓稼先等人别无选择，只能自力更生。他领衔的理论小组面临的问题很现实，首先要在迷宫中找到方向。很快，他将目光锁定在中子物理、流体力学和高温高压下的物理性质这三个方面。方向确立了，邓稼先迅速把理论部的人员组成三个组，分别攻关。邓稼先晚上备课，白天给年轻人补习专业知识，有时上完课，邓稼先站在黑板前竟睡着了。这是一支年轻的队伍，每个人专长不同，性格迥异，相同的只有“争气”的劲儿和工作的热情，他们为讨论技术问题，经常通宵熬夜。就这样，原子弹的理论设计在两年中获得了很大的进步，在朝着邓稼先确定的方向迈出了一大步。

不久，他们就走到了一个关键之处，要寻找制造原子弹的一个关键参数。当年苏联专家曾给过一个参数，严谨的理论小组没有轻易使用这个数值，而是进行了上万次的方程式推算，计算用的纸装进麻袋，堆满了几个仓库。为了演算这个数据，邓稼先带着研究人员一日三班倒。算一次，要一个多月，算 9 次，要花费一年多时间，他们常常工作到天亮。每当过度疲劳，思维中断时，邓稼先都着急地说：“唉，一个太阳不够用呀!”

终于，关键性的参数被确定，整个核武器研制的“龙头”昂起来了。制造第一颗原子弹时，科学家们竟都是用的最原始的工具，炼制炸药时用的是铝锅，精确计算时用的是手摇计算机、计算尺和算盘，全靠邓稼先和那一代科学家天才般的创造和义无反顾的热情。

1964 年 10 月 16 日，中国的第一颗原子弹按照邓稼先他们的设计，顺利地在罗布泊沙漠腹地炸响。这一天被历史铭记。但是，邓稼先等人前进的脚步没有就此打住，继续驻守在大漠深处，开始新的征程。1967 年 6 月 17 日，中国第一颗氢弹又在罗布泊上空爆响。从原子弹到氢弹，法国用了 8 年、美国用了 7 年、苏联用了 4 年，中国仅仅用了两年零八个月。

谁不曾是热血青年，谁不曾憧憬未来，总有人要待在沙漠腹地，总有人要在国家需要的时候顶上去。邓稼先一回国就一头扎进当时轰轰烈烈的“两弹一星”研制工作，被拉到大西北沙漠腹地。邓稼先离开家的时候，和妻子招呼都没打，“匆匆忙忙走了，一别 28 年”。后来邓稼先在回忆录中写道：“因为原子弹研制工作极为保密，我们没有科研成果，不能家庭团聚，不许亲友通信。作为知识分子和普通人的生活、乐趣、权益，全都牺牲掉了。”

有一次，原子弹爆炸试验失败，几个单位推卸责任。为了找到真正的原因，必须有人去那颗原子弹摔破的地方去，但那里是核辐射的核心区域，真正的死亡之地。邓稼先说：“谁也别去，我进去。你们去了也找不到原因，白受污染。我做的，我知道。”他只身一人走进那片地区，很快找到了核弹头，居然没用任何防护措施，就这么用手捧着出来了。最后证明，问题不在弹头的问题，而是降落伞。就是这一次，让邓稼先遭受了极其强烈的核辐射。

有了这一次，邓稼先日后更加“猖狂”，完全不把核辐射放在眼里，居然要自己去给氢弹装雷管，并且首次以院长的身份严令周围人：“你们还年轻，你们不许去，我去！”1985 年，邓稼先实在撑不住，从罗布泊回北京，医生直接给他关到医院：“癌症晚期！”时任国防部长的张爱萍去看他时，他很平静：“我早就知道这一天会到来，但没想到它来得这么快！”邓稼先在去世前，和他在西南联大的同学、诺贝尔物理学奖获得者杨振宁先生有一张合影，他嘴角流血，但依旧上扬。“那是一种壮志已酬，得其所哉的欣慰。”妻子许鹿希说，那时他已经是全身大出血，擦也擦不干，止也止不住。高强核辐射会导致癌症，这在他捧着核弹头走出放射区时，心里就明白。“苟利国家生死以，岂因祸福避趋之”——这就是中国大国工匠的家国情怀。（资料来源：《没有大国工匠，哪来的大国腾飞》，搜狐网，发布时间：2017－05－07）

点评 正如马克思所言：“如果我们选择了最能为人类而工作的职业，那么，重担就不能把我们压倒，因为这是为大家做出的牺牲；那时我们所享受的就不是可怜的、有限的、自私的乐趣，我们的幸福将属于千百万人，我们的事业将悄然无声地存在下去，但是它会永远发挥作用，而面对我们的骨灰，高尚的人们将洒下热泪。”以邓稼先为代表的“两弹一星”元勋们，担当民族崛起的重任，任劳任怨、认真负责，隐姓埋名在戈壁滩上撑起了新中国的脊梁。

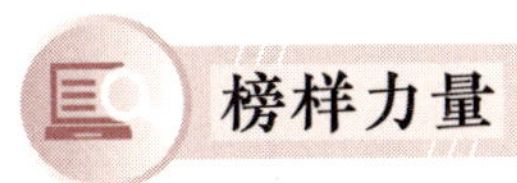

榜样力量

岳阳职院校友们的暖心战“疫”故事

面对新冠肺炎疫情，许许多多岳阳职业技术学院医卫专业的校友们在第一时间选择冲锋在前，他们“逆行”的身影为大家构筑成一道道战“疫”防线。下面我们来听听他们的战“疫”故事。

一、王菊花：负重逆行，支援武汉

（图片来源：《三湘都市报》）

王菊花，2006 年毕业于岳阳职院护理高职(3)03－3 班，现就职于湖南省直中医医院普外二科，任护士长一职。疫情暴发后，王菊花参加了支援湖北黄冈中心医院的先锋医疗队，并带领护士团队历战 10 天。

大别山区域医疗中心里面住满了确诊及重症患者，而王菊花和医疗团队的同事们就这在这里对抗毒魔。“对于我们来说，白天、晚上都有做不完的事情。”王菊花表示，虽说分配给她的工作是隔离病区的治疗和护理，但实际上为了减少病人的走动，她要负责病人的一切生活起居，包括打开水、热饭。为了不让未感染的工作人员进入隔离病区，她还要负责病区的病房清洁卫生消毒。有些病人因为疾病原因，情绪暴躁，她还需要对他们进行心理疏导。

“经常是工作不到一个小时，护目镜里就沾满了水雾，防护服也被汗水浸湿。即使上班前两三小时都不喝水，下班后的纸尿裤也已湿透。”王菊花无奈地说道，因为长时间的站立，她的双脚都是浮肿状态，原来的鞋子穿脱十分困难。鼻梁、耳后也全是压痕。连日来的疲惫并没有打消王菊花奋斗的激情，她表示，再苦再累，自己也会坚持，希望尽早打赢这场没有硝烟的战争，安全回家。

二、刘赞：抗“非典”护士再上战场

（图片来源：《三湘都市报》）

刘赞是岳阳职院 89 届毕业生，目前就职于海南医学院第二附属医院，担任内科总护士长兼任热带病科和感染科护士长。

新型冠状病毒肺炎疫情暴发后，作为一名共产党员，刘赞临危受命，任热带病科和感染科护士长，并兼管发热门诊，对隔离病区进行整体统筹。2003 年非典疫情暴发时，她是第一批进入隔离病房工作的骨干护士，在隔离病房工作了 6 个月，直至非典疫情结束，并被评为“抗击非典先进个人”。面对此次疫情，她依旧选择迎难而上，兑现自己作为一名共产党员“随时准备为党和人民牺牲一切”的承诺。

正月初一开始，她所在的科室开始正式收治新型冠状病毒肺炎疑似、确诊病人，直至正月初十，共收治了 44 位病人，其中有 8 位确诊病人。在这过程中难免有年轻护士有恐慌心理，刘赞经常安慰她们，并给她们讲述非典时她在隔离病房工作的经验，用自己的亲身经历消除她们的恐惧感。由于担负着隔离病房和发热门诊的管理任务，同时还负责对 71 位工作人员的生活进行管理，她已经连续 7 天 7 夜无法入睡，最后在药物的帮助下才调整过来。刘赞的面部皮肤对一次性口罩过敏，佩戴时间稍长脸上就长满红色的疹子，瘙痒难耐，而在隔离病区，每天必须配戴口罩长达 18 个小时，她的过敏症状更严重了，每天需要涂擦膏药止痒；由于在隔离病房需要每天洗头，为了工作方便，也为了更好地做好隔离防护措施，刘赞带头剪去了一头长发。但她觉得这些在大灾大难面前，都算不了什么。

刘赞的爱人是医院的一名风湿科医师，对她的工作非常理解与支持，每天打电话或发微信给她支持与鼓励；远在国外读书的儿子也打电话为妈妈加油鼓气。刘赞 84 岁的老父亲从老家打电话来询问她是否上了一线，为了让老人家放心，她善意地欺骗老人家说没有在一线，同时让家里人共同保守这个秘密。到现在刘赞在抗疫一线已经整整 14 天没有好好休息，她表示，自己将会坚持下去直到疫情结束。

三、李习文：隔离区的“战地记者”

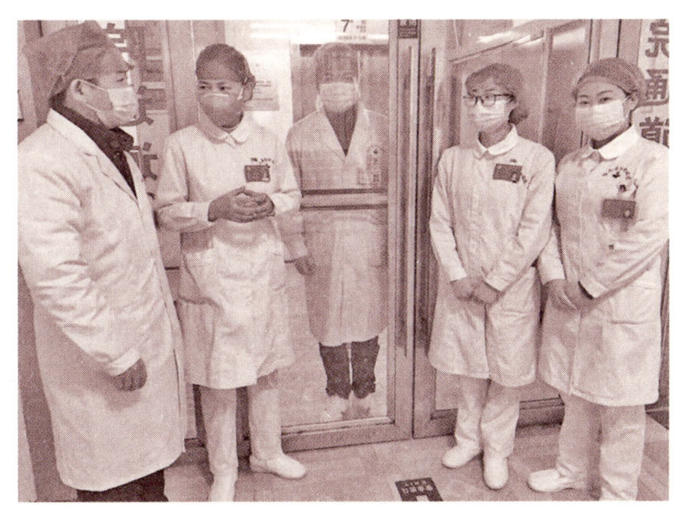

（图片来源：《三湘都市报》）

李习文毕业于岳阳职院护理高职班，现就职于湖南省儿童医院感染科，是大内科二党支部青年干事。疫情期间，李习文在医院紧急成立的“抗疫前线临时党支部”担任宣传委员，是医院“党员先锋突击队”的成员之一。

农历鼠年腊月二十八凌晨，李习文所在的医院收治了第一例新型冠状病毒疑似患儿。此时的李习文正在老家休假，那里离湖北只有两公里，所以很多路段被封堵。当时她并没接到科室召回的命令，但考虑到了情况紧急她还是主动申请提前结束休假去隔离病房上班。当夜，李习文冒着雨赶回了医院。

在感染门诊上班之余，她还承担起了科室通讯员的工作，是同事口中的“战地记者”，曾多次冒着危险进入隔离区，协助隔离区护士拍摄视频给家人报平安。“希望能通过这样的方式尽自己的绵薄之力，能给在一线奋斗的医生护士的家人们带来一丝宽慰。”李习文表示。

岳阳职业技术学院宣传部负责人表示：“感人的故事每天都在上演，我们每天都能收到许多人提供的校友奋战在抗疫一线的故事，他们在没有硝烟的战场上鏖战着，用默默的行动演绎着最美的‘逆行’，践行着‘学以致用’的校训。”

四、刘林卓：未收天子河湟地，不拟回头望故乡

1 月 28 日，岳阳市在君山区紧急筹建岳阳版“小汤山医院”，定点救治新冠肺炎患者。岳阳市第二人民医院作为对口支援医院，组建医疗队入驻君山区人民医院。刘林卓是岳阳职业技术学院优秀毕业生，也是岳阳市第二人民医院药剂科的一名年轻药师。在抗疫一线的战斗中，他向记者诉说了自己的心声——

（图片来源：“新湖南”客户端）

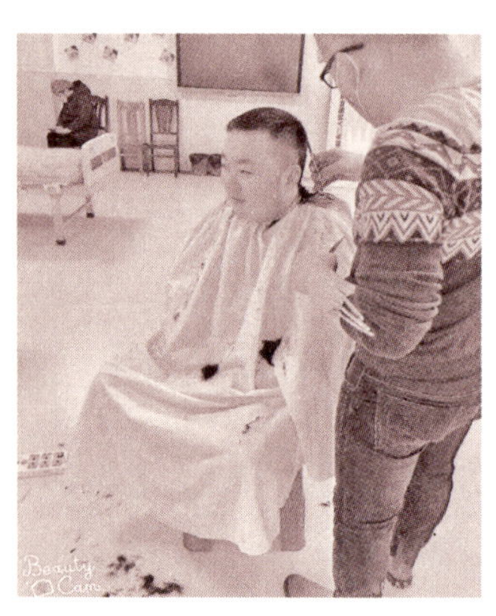

（图片来源：“新湖南”客户端）

2 月 5 日清晨，第一批入驻队伍集结完毕，我们将奔赴战场与“瘟魔”战斗。上战场前，医院给我们每个人都理了头发，减负出征。“国家有难，医护有责；请战出征，服从组织；听党指挥，勇于担当；护佑生命，全力以赴；抗击疫情，敢打必胜；不辱使命，平安凯旋。”国旗下，许院长带领我们 53 人集体宣誓时，我感到心中热血激荡。我明白，在这场疫情阻击战中我们是背水一战，没有退路可言。生死有命，和妻女告别时，我已想到了最坏的结果。

当日上午抵达医院后，我们才知条件还不完善，而第一批患者 24 人将于 18 时入院。没有后勤人员，我们只能靠自己。打扫卫生、安装床铺、调试各种仪器、划分半污染区以及污染区等工作紧张有序开展。为了节约时间，中午我们 5 分钟吃完泡面，就继续撸起袖子加油干。傍晚时间，第一批病人如期到达，顺利入院。大家的工作也逐步有序开展。

（图片来源："新湖南"客户端）

（图片来源："新湖南"客户端）

刚来第2天，医院就转入一个危重症患者，基础疾病复杂，入院时呼吸衰竭，肾功能衰竭，急需抢救药品。我紧张备战，确保药品备货充足，做好入库和接收工作。临床上ICU团队、CRRT团队、ECMO团队也轮番上阵。大家竭尽全力，但仍没阻止患者病情的恶化，其成为湖南省第一例死亡病例。

新冠病毒张牙舞爪，给了我们一个见面礼、下马威。作为一个年轻药师，我未曾直面过这样的生死，看着医生的无力，深感生命无常。晚上，我拿出手机与妻女视频，网络那头的妻子察觉到我的反常，抱着女儿轻轻地说："我们会在你的后方一直支持你，等着你回来。"

充实的工作日复一日，但在一线的我们是忙碌且幸福的，随着治愈出院的人数不断增多，大家情绪得到了振奋，充满了力量和希望。近期，岳阳的确诊病例数连续几天零增长。看着日渐温暖的巴陵大地，我再次告诉自己：曙光在前，胜利在望！（资料来源：《共同战"疫"：聆听岳阳职院校友们的暖心战"疫"故事》，《三湘都市报》，发布时间：2020年2月5日；《未收天子河湟地，不拟回头望故乡—岳阳职院优秀毕业生刘林卓的心声》，"新湖南"客户端，发布时间：2020年2月20日）

点评　自新冠肺炎疫情发生以来，湖南岳阳职业技术学院医卫专业的学子在抗疫一线用行动诠释了"白衣战士"的担当、坚守和奉献，他们任劳任怨、认真负责，书写了一幅幅感人的青春答卷。

社会实践

校园劳动周

指导思想：全面落实“立德树人”根本任务，弘扬骆驼精神，以“做骆驼式的现代职业人”为抓手，培养德智体美劳全面发展的社会主义建设者和接班人，引导岳阳职院学子树立责任意识、担当精神，具备忠诚履责、尽心尽责、勇于担责的优秀品质，争做新时代奋斗者的表率。

活动时间：每个学期至少一周，由二级学院统筹安排，以班级为单位轮流打扫校园。

参加人员：全体在校学生。

活动内容：利用早上和中午课余时间打扫校园公共区，由学工处划定各二级学院负责的公共区域。通过义务劳动弘扬“任劳任怨，尽职尽责”的担当精神和团队协作精神。

注意事项：

（1）班主任辅导员记录学生的劳动情况和效果并进行打分，得分情况将成为社会实践学分的赋分标准之一。

（2）二级学院在每周例会上对上周工作做出总结，并对下周工作作具体部署。

职业感悟

一、专题讨论

围绕“任劳任怨，尽职尽责”组织一次专题讨论。每个同学结合自己的专业学习，写出劳动周感悟。

二、主题宣传

在学校宣传栏和班级黑板报开展“任劳任怨，尽职尽责”专题宣传。

三、课堂展示

各班分小组制作课件，分享本次参观感悟，将优秀作品推荐到校报发表。

第四单元
协作精神：关爱他人，与人为善

成功的事业离不开志同道合的伙伴，离不开团结协作和谐的集体，离不开和睦相处的团队。但讲团结不是和稀泥，与人为善不等于无条件的妥协、隐忍，不是耍小聪明，更不是八面玲珑、左右逢源，搬弄人性上的狡黠和厚黑。尤其是在关涉大是大非的问题上，更要坚持原则。

在知识经济时代的今天，人与人的社会交往比以往任何时候都显得更为重要，因为在现代社会，社会分工越来越细，人们相互间的依存关系更为明显，单打独斗、尔虞我诈的无序竞争时代已经成为过去，你中有我、我中有你的合作竞争时代已经来临。团结协作精神已经逐渐成为现代社会对人才基本素质的一项要求。许多企事业单位在招聘时都明确表示希望应聘者具备团队精神。

团结协作精神又常被称为团队精神或团队意识，所谓团结协作是指组织成员对组织感到满意与认同，自觉地以组织的利益和目标为重，在各自的工作中尽职尽责，自愿并主动与其他成员积极协作、共同努力奋斗的意愿和作风。其主要包含三个方面的含义：首先是团队的凝聚力。团队精神表现为团队强烈的归属感和一体性，每个成员都能强烈感受到自己是团队当中的一分子，自觉地把个人工作和团队目标联系在一起。其次是团队的合作意识。团队成员相互帮助、互相关怀、共同提高，在一个团队中，只有每个成员都能最大限度地发挥自己的潜力，并在共同目标的基础上协调一致，才能发挥团队的整体威力，产生整体大于各部分之和的效应。最后是团队的高昂士气。它体现了团队成员对团队事务的态度，表现为团队成员对团队事务的尽心尽力及全方位的投入。

当前有不少大学生明显缺乏团结协作精神。在人际交往与合作中，有的同学不注意培养师生、同学之间的感情，缺少互帮互助的热情，与人交往时过于淡漠，于己有利则亲近，无利则过于疏远；有的同学集体观念淡薄，比较注意自己的个性张扬，喜欢我行我素，不积极参与集体活动；在看待问题和处理事情时，习惯从自身角度出发，个人主义倾向严重，把个人得失放在首位，大局观念、集体意识缺失。

发扬团结协作精神，大学生要努力做到以下几个方面。

第一，坚守集体主义观念。集体主义是大学生团结协作精神的价值底蕴。集体主义要求人们把个人目标和团队目标结合在一起，将个人利益与团队利益、个人价值的实现与团队价值的实现紧紧地联系在一起，因此团队成员必须具有整体利益观念和随时随地维护团体利益的自觉性。但有些大学生对个性和个人价值极端推崇，忽视他人、集体与国家利益，排斥合作与团结，团结协作观念较差以及缺乏社会责任感。大学生要向任弼时这样的老一辈无产阶级革命家学习，陶冶道德情操，提升个性修养，培养同心协力的团结精神，树立正确的整体观念与全局意识，正视国家、集体与个人的利益关系，奉行自我奉献的价值原则。

第二，倡导宽容和互助的人文精神。团队精神只有在宽容互助的人文精神的土壤中才能得以发展。班级是大学生成长的基本单位，寝室是大学生活动时间最多的地方，它们均是对大学生的成长有着重要意义的团队。大学校园中，同一班级、同一宿舍的同学来自不同民族、不同地区，思想观念、文化传统、生活习惯等方面的差异必然会引起冲突。要缓解这些冲突，就必须学会沟通和协作，学会在共同的价值底线上相互宽容，勤于交换思想、交流情感，做到相互关心、相互帮助，在真诚的人际交往中共同体验和谐的快乐，共同稳固同窗的情谊。

第三，在团队活动中培养与人沟通、合作的能力。团队精神既强调与人沟通的能力，又强调与人合作的能力。这些能力必须通过实践得以提高，并最终运用于实践。因此大学生要积极参与团队活动，在实践中体验合作的快乐，领悟“我为人人，人人为我”的集体主义内涵。

任弼时关心别人比自己为重

在陕北，任弼时利用打猎的机会，跑到农民的山庄里，问农民收的粮食够吃不够吃，帮助他们研究生产门路；利用行军打仗的机会，和驻地农民谈话，问他们土地改革做得怎么样，了解群众的想法，思考如何更好地贯彻土改政策；在北京，任弼时同志利用警卫人员到街上买东西的机会，调查商人的生意好不好、对政府有什么意见，研究如何才能把市面繁荣起来。任弼时同志用实际行动，真正做到了密切联系群众。

一九四七年任弼时生病时住在距陕西省米脂县杨家沟约十里的钱家河，这个小山村是骑兵的狂地，环境幽静，利于休养。因为这时他的舒张压（高压）已经升到二百二十水银柱，超过健康人近一倍，所以经常头晕，行走时要拄着手杖。在钱家河养病期间，任弼时每天要阅读来往的电报和文件，头疼时，便在炕上躺一会，接着又让秘书或妻子陈琮英念给他听；时而到村子里去散步，背着猎枪去打猎。这时骑兵连正在紧张地冬训。一天，任弼时来到连部，伫立在墙上张贴着的战士们投手榴弹的成绩表前，他发现有一位叫金万荣的战士，投弹成绩达 60 米，便问指导员方仲实："他一定是个大个子吧？"方指导员回答说："个子不大，是个副排长，从小放羊出身！"任弼时惊讶地说："快请来让我见见，他有什么好经验。"金万荣来到连部向任弼时汇报了他起早贪黑刻苦训练和掌握要领的办法后，任弼时高兴地点点头，拍着他的肩膀说："好，很好，你要把经验教给大家。"临走时，他对方指导员说，"战士们练兵这么累，以后不要给我们派警卫了。"又指着警卫员背的枪说，"我们自己警卫自己吧！"指导员得体地回答说："我们只能听团长的。"

在神泉堡时，任弼时曾派人收集解放区工人运动的材料，作一次系统的总结，并说届时可请时任解放区职工联合会筹备会秘书长的李颜伯参加。一天，李颜伯从东北来到钱家河，向任弼时汇报东北工人运动的情况。对远道而来汇报工作的干部，任弼时热情地问这问那，谈话时间很长。护理人员提醒客人："弼时同志身体不好，请你注意时间。"李颜伯为难地说："我越谈得简要，可他问得越详细。"有时，护理人员劝他们出去散散步。任弼时一边散步，一边又开始问话。这是为什么？因为工会、青年团和妇联等群众团体的工作是任弼时主管的，对于青年团和妇联的工作方针，中央已发了文件，而在工人运动方面，由于解放战争的发展，各地工人运动走向大统一的条件已经成熟，有可能并且有必要召开全国劳动大会，恢复中华全国总工会。任弼时和李颜伯围绕工人运动的方针和筹备召开全国劳动大会的问题进行详细交谈。谈话时停时续，用了两个白天和一个晚上。1948 年 1 月，原中国劳动协会理事长、世界工会联合会副主席朱学范从伦敦进入东北解放区，声明接受中共的政治主张，八月第六次全国劳动大会终于由陈云主持在哈尔滨召开。

1947 年的一天，中央军委二局局长戴镜元来到钱家河，在汇报电台工作时，提到有些业务人员和电政人员不分昼夜地在机房收发译校电报，健康状况逐渐恶化，需要有一种休息制度。任弼时十分重视这个意见。他立即写信给后委的负责人叶剑英和杨尚昆，应“由中央及军委给以特别健康补助费”，此种补助应从人员的体质出发，打破平均主义，“并不机械以职位为标准”，“经与戴同志初步商定，……，拟每月每人补助三斤小秤的猪肉，从本年十二月份起每月上旬按市价由特会科付款”；至于休息制度，任弼时写道：“每年能给以一定时间（如一个月，分两次）”，除军委二局的人员外，“三局与机要处同志也须有轮流休息之必要，可合并决定办法”。他关心别人比自己为重。（资料来源：中共中央文献研究室主编《任弼时传》，中央文献出版社 2014 年版。）

点评　任弼时同志平等待人，无微不至地关心爱护同志。在湘赣时期，对工作上有差错的同志，任弼时总是循循善诱地启发他们自觉地认识错误，团结他们一道工作。他一再教育大家：“要时刻记住：团结！团结在毛泽东同志为首的党中央周围！”任弼时这种顾全大局、团结助人的优良品德，让他得到了周围同志的衷心拥护，也收到了良好的工作效果。

钱学森集智攻关的协同精神

钱学森是中国航天事业的奠基人和技术领导人，他毕生追逐科学报国梦想，为中国的科技事业、国防和军队现代化建设，尤其是“两弹一星”事业建立了不朽功勋。

20 世纪 30 年代，钱学森在美国加州理工学院航空系攻读博士学位，师从航空大师冯・卡门教授，毕业后留校做教授。他听到祖国解放的消息后就毅然决定放弃一切回国，报效国家。1955 年历经种种磨难之后，钱学森终于回到祖国母亲的怀抱，投入到“两弹一星”的研制工作中。

钱学森回国后任原国防部第五研究院院长，五院是我国第一个导弹火箭研究机构，那时国内还没有一所大学设有导弹专业，五院里都是应届大学毕业生和从各单位抽调来的科学技术人员，他们从未见过导弹，更不用说参加过导弹研制了，大部分人根本不知道到这里来干什么。钱学森却认为，培养好这些求知欲旺盛、精力充沛的年轻人，我国的第一批战略导弹和战术导弹就能研制出来。他编写了一份约有6万字的讲稿《导弹概论》，亲自为他们讲课，毫不藏私、倾囊以授。钱学森的“导弹概论”课讲了一遍又一遍，20世纪50年代至60年代前期，每年来了新大学生后他都要讲。五院的行政人员也去听他的课，以便了解单位的科研工作，大家都说钱学森能把复杂的尖端技术问题讲得让外行人听了不觉得深奥难懂，专家教授们听了也不感到肤浅。他深入浅出的讲解为学员日后深入研究奠定了理论基础。

钱学森非常重视培养和提携年轻人。20世纪60年代，当时国防部第五研究院年轻技术人员赵少奎回忆说，“东风二号”导弹试射失败后，五院成立导弹姿态控制系统研制攻关组，钱学森每周都挤出一两天时间与年轻人一起讨论，几乎是手把手地把他在美国从事技术研究、系统设计的经验和工程控制理论、方法毫无保留地传授给年轻的技术人员。正是由于他这种共享知识、大力协作的精神，导弹研究的人才队伍才能迅速成长起来，最终创造奇迹。

虽然身为赫赫有名的科学家，钱学森一直注意发挥民主精神，提倡集思广益，鼓励大家勇敢表达自己的看法。最年轻的两弹一星元勋孙家栋回忆说：“当时钱老的工作非常繁重，但为了充分发挥技术民主，他在很长一段时间里坚持每个星期都要找出时间和我们研究重大技术问题。在讨论中只要意见一致他便果断决策确定。意见不一致又不是非常急办的，留待下星期的会议讨论；如果是急办的，则由他根据讨论情况提出解决办法……为了充分发挥技术人员的才智，他总是与我们共同探讨重大技术问题，并且诚恳地说：‘你们提的建议如果成功了，功劳是大家的；失败了，责任由我来承担。’这番话，让我丢掉了许多顾虑。干航天几十年，每当遇到重大问题时就会想到钱老勇于负责、善于听取群众意见的工作作风。”钱学森的这种勇于担责、科学民主的工作方式使他周围的人团结成一个牢不可破的集体，充分激发了所人的工作积极性。

钱学森深知在现代科研活动中的协同合作的重要性，他强调从事现代科学技术研究的人员不能各自为战，而是要相互合作、协同前进。在他看来，现代科学技研究的对象本身就不是孤立存在的一个个单独事物、现象，而是研究事物和现象的发展过程，研究事物相互之间的联系。这一点决定了现代科学技术研究、实验工作不应该是个人活动，甚至也不是小团体、小规模的活动，而应该大规模协作。

他举例说：“为了观察远离太阳系的天文现象，研究银河星系、河外星系，以至一直到距离我们100亿光年的天体，仅有小型的望远镜是不够的，我们需要直径为几米的望远镜，或直径为几十米以至100米以上的无线电望远镜。这些设备的转动部分就有几百吨以至上千吨重，有十几层楼房那么高。再如为了研究在原子核内部以及构成物质的基本粒子，也就是尺度为 10^{-14} 厘米物质的精细结构，那就需要高能粒子加速器，粒子能量达到几百亿电子伏；正在设计中的加速器粒子能量有上万亿电子伏的。”要建设这样庞大、精密、复杂的科学设备，自然需要多学科多工种的通力合作。同时在使用和维护这类设备的时候，也必须组织严密、科学地分工配合。（资料来源：钱永刚主编《钱学森精神读本》，上海交通大学出版社，2019 年版）

点评　伟大的事业孕育伟大的精神，钱学森提倡集思广益、协同攻关，在他的带领下，广大航天科技人员“特别能吃苦，特别能战斗，特别能攻关，特别能奉献”，铸就了伟大的航天精神，成为航天事业成功的基石。

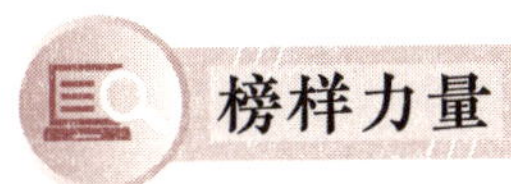

榜样力量

女排精神的精髓：团结协作

团结协作、同舟共济是女排精神不变的底色，也是女排姑娘们多次登上世界之巅最为仰仗的法宝之一，女排精神薪火相传，团结协作的传统从未丢失。

1981 年，郎平在被评为“全国十佳运动员”时曾说过：“我的每一次重扣的成功，无不包含着同伴们的努力，我是代表集体领奖的。”她曾说过：“在我的字典里，‘女排精神’包含着很多层意思。其中特别重要的一点，就是团队精神。女排当年是从低谷处向上攀登，没有多少值得借鉴的经验，但是在困难的时候，大家总能够团结在一起，心往一块想、劲往一处使。”

2015 年世界杯夺冠后，老女排成员张蓉芳这样评价当下的“90 后”队员：“这帮队员在场上很努力、很拼命，团结协作、团结拼搏是老女排的传统之一。她们这次做得很不错，在遇到困难时，整个队伍能团结协作、团结奋战。”在 2016 年的奥运赛场，时任国家体育总局副局长蔡振华高度赞扬女排的团结协作精神，号召其他队伍向其学习：“团结一心，相互信任，出现失误相互谅解，然后再重新开始，这才是集体项目需要的……我们的很多队伍都应该向女排学习。”

2020 年朱婷获得“中国青年五四奖章”，她说，自己的成长进步离不开集体的培养。“我们能有今天的成绩，是沾了排球的光，得益于我们身在中国女排这个光荣集体。作为中国女排队长，我是代表这个团结奋斗的集体接受这项殊荣。”由此可见，团结协作是女排长盛不衰的法宝，是女排精神在岁月洗礼中依然熠熠生辉的重要力量，正是过去几十年里几代人默默的无私奉献，风雨同舟，才铸就了中国女排这个闪耀着团结协作光彩的英雄集体。

团结协作传递的是一个团队的信任与默契。在中国女排，信任无时不在、无处不有，不管是一帆风顺之时，还是背水一战之际，高度的信任深深地植根于这个团队成员的心中。在胶着的赛场上，中国女排教练、队员间的一个动作、一个眼神，就能领悟到彼此的意图，这种心领神会就是团结协作形成的默契。

团结协作洋溢的是一个团队的相互关爱。2015 年女排世界杯前，主攻手惠若琪因心脏出现问题不能随队出征。出发前，丁霞要了她的一件比赛服。很久之后，丁霞告诉惠若琪，向她要比赛服，是为了把她的比赛服一起带到领奖台上。关爱在很多时候并不只是热情的嘘寒问暖，而是无形中传送的鼓舞和激励。

女排的团结协作不仅仅局限于队员、教练，还有更多在背后默默为女排付出的人。他们有的是陪练，有的是后勤保障人员，有的是基层的女排工作者，他们都在为集体的荣誉拼搏、奋斗，为这一份事业贡献自己的力量。“还有很多人没有获得过冠军，他们也是这个团队中的重要一员，为中国女排精神的打造，做出了不可磨灭的重要贡献。四十年来参与过中国女排相关工作的人们，上下同心，才有了‘女排精神’。中国女排光环在冠军队员、教练员身上，但是更多的人，为中国女排做的贡献不可磨灭。”国家体育总局前排管中心主任徐利说。

聚是一团火，散是满天星。不仅中国女排，任何集体项目和个人项目的成功，都需要团结协作的集体主义力量。个人拼搏是为了团队的成功，个人能力的发挥是集体智慧的展现。将个人奋斗融入集体智慧之中，个人的努力与集体的力量才能在团结协作中获得高度统一，形成强大的合力，释放出巨大的能量。在任何情况下，集体的利益和荣誉必然高于一切，而“团结”更是制胜的核心要义。倘若只顾自己而忽视集体，甚至认为个人高于集体，这样的团队不可能成功。

团结协作能够激发出团队的最大战斗力，催生巨大的前进动力，让团队为实现目标而众志成城，团结奋斗。习近平总书记在庆祝中华人民共和国成立 70 周年招待会上强调，团结是铁，团结是钢，团结就是力量。团结是中国人民和中华民族战胜前进道路上一切风险挑战、不断从胜利走向新的胜利的重要保证。（资料来源：《女排精神永不过时》，《北京体育大学校报》2019 年 10 月 15 日第 3 版）

点评　团结协作精神是女排精神的重要体现，是任何一个团队直面挑战、赢得更大胜利不可或缺的精神力量。

社会实践

关爱残疾人志愿服务活动

指导思想：大力弘扬人道主义精神，努力践行“奉献他人，提升自己”的志愿精神，自愿参与和鼓励倡导相结合、服务残疾人和实现个人发展相结合的原则，全面启动“关爱残疾人志愿服务活动”，帮助残疾人解决实际困难，促进残疾人“平等、参与、共享”，为构建社会主义和谐社会做出贡献。

任务目标：12 月 3 日是“国际残疾人日”，开展相关活动旨在大力弘扬人道主义精神，使扶残助残的社会氛围更加浓厚，志愿助残理念深入人心。通过深入持久的“关爱残疾人志愿服务活动”，推进志愿助残阳光行动，使志愿助残实践更加丰富，覆盖面不断扩大，更好地为残疾人提供及时便利的志愿服务，使广大残疾人生活更美好，发展更全面，真切感受到社会的温暖，自强自立，回报社会。

参加人员：全体新生。

活动内容：

(1) 宣传介绍“国际残疾人日”，展示和宣传残疾人为社会做出的贡献。

(2) 了解残疾人为了生活是怎样克服各种困难的，感受残疾人生活的艰辛。

(3) 前往岳阳市残联，切实帮助残疾人解决相关困难。

活动具体安排见下表。

具体时间	活动内容	活动地点	负责人
11 月 25 日—30 日	通过海报、广播、横幅等形式进行宣传	学院	
12 月 1 日	问卷调查，宣传“国际残疾人日”	中心广场	
12 月 2 日—3 日	慰问演出等	岳阳市残联	

注意事项：

（1）活动期间，为确保安全，必须服从安排，统一行动。

（2）活动内容多，时间紧，须严格遵守每项活动的规定时间。

（3）做好笔记，拍照留存。

职业感悟

专题讨论：每个同学围绕“关爱他人、与人为善”这一主题，结合自己的情况写出感悟。

主题班会：

开展以“关爱他人、与人为善”为主题班会，同学之间敞开心扉，互相交流。

第五单元

创新精神：敢为人先，勇于探索

创新精神是一种勇于抛弃旧思想旧事物、创立新思想新事物的精神。创新精神强调不满足已有认识，不断追求新知；不墨守成规，不盲目效仿，敢为人先，打破原有框框，探索新的规律，不断进行革新；不迷信书本、权威，敢于根据事实独立思考。创新精神是一个国家和民族发展的不竭动力，也是一个现代人应该具备的素质。

创新是文明进化的催化剂，人类社会发展的历史就是一部征服自然、改造自然的创新史；创新是历史飞跃的加速器，社会的进步离不开创新的推动，没有创新社会将止步不前；创新是事业成功的突破口，很多创业的灵感、有创意的“好点子”都来源于创新。在当代社会，创新更是民族强盛的根本、社会发展的动力、个人成功的根本。2014 年，习近平总书记在会见探月工程“嫦娥三号”任务参研参试人员代表时，指出创新是一个民族进步的灵魂，是一个国家兴旺发达的不竭源泉，也是中华民族最鲜明的民族禀赋。

“创新”包含的范围很广，从广义上说，“创新”既包括一切从无到有的创造，也包括一切与以前既有的东西相比具有新形式、新内容的新东西。它既可以是一个以技术为内涵的创新，如产品创新、工艺创新、原材料创新、市场创新、管理创新；也可以是一个非技术内涵的创新，如制度创新、政策创新、组织创新、文化创新、观念创新等。创新是指人们为了满足需要，运用现有的知识和物质，不断突破常规，改进或创造出有价值的新事物、新思想的活动。

许多大学生在听到“创新”这个字眼的时候，总是会表现出一种胆怯或排斥，认为自己根本不会创新，但实际上，创新并不是遥不可及。大学生可以从以下四个方面培养自己的创新能力：

首先，多学、活学知识和技能。创新不是空想，知识和技能是创新的基础。牛顿曾经说过：“我之所以比别人看得更远些，是因为我站在巨人的肩膀上。”知识具有开启人头脑的功能，能否充分发挥知识的启迪功能，关键在于所学知识是否基础扎实，学习方法是否灵活，能否举一反三。

在同一种信息作用下，为什么有的人顿悟了，有的人却无动于衷呢？这与接收者原有的知识结构和观念状态有关。创新除与专业知识密切相关外，还常常与专业以外的其他知识的掌握和运用密切相关。因此，要以本专业的基础知识为核心，使专业基础知识与其他知识相互渗透，结合成一个网络式整体结构。事实上，知识的学习是有备无患、厚积薄发的，当我们不具备相关知识时，创新就遭遇了瓶颈，很多人就容易放弃。这就是为什么很多人有不少好的创意，但鲜有创新成果的一个重要原因。

另一方面，知识与知识的碰撞、融合也会产生创新，如欧几里得几何学的创立。如果一个人对知识的学习浅尝辄止，那么创新也很难进行。只是需要注意，任何人都不能只顾学习知识，知识仅仅是原材料，更关键的是要创造性地运用知识。

其次，树立创新意识，培养创新精神。“创新意识”是指人们根据社会和个体生活发展的需要，引发的创造前所未有的事物或观念的动机；并在创造活动中表现出的意向、愿望和设想，自觉或自发进行创造活动的一种心理准备状态。

“创新意识”不仅表现为一种内在的创新欲望，还表现为在创新活动中高度的热情、足够的自信心、独立思考和勇于探索的品质，是一种积极的、富有成果性的意识活动；是人们进行创新活动的出发点和内在动力，是创新性思维和创造力的前提。

人的创新意识是在对创新活动有所认识的基础上形成的，是在创新活动过程中培养起来的。创新意识涉及对创新活动的兴趣、需要，对创新的重要性、必要性和可能性的认识，涉及创新活动体验、经验的获得和积累，涉及人们在创新活动中和创新认识基础上形成的对创新的高度敏感性和自觉、自发进行创新活动的一种心理状态。

对创新的兴趣和需要是创新的前提，创新活动首先基于创新需求的存在和人们对创新需求的认识，这是创新意识和创新活动发生的前提，它是人们逐步树立创新意识，培养创新精神，学会产生新思想、获取新认识的有效方法。“学贵有疑”，在学习过程中产生了疑问，就要鼓起勇气去探究，培养自己创新的积极性、主动性，平时多锻炼自己，创新意识自然就培养起来了。

再次，训练创新性思维，学习创造技法。创新有法可循。“创造技法”就是创新学家根据创造思维发展规律总结出来的创造发明的一些原理、技巧和方法。通过开发和培养创造主体的思维方法，发掘出创造主体创造力的发挥规律。创新思维是人的创新能力形成的核心与关键。创新思维的一般规律是先发散而后集中，最后解决问题。

创造技法是进行创造的工具，掌握创造技法的特点，不仅使创造者敢于创造，而且使创造者善于创造。创造技法是非程式化的，它有规律可循，但又不能像自然科学的规律那样可以用数学公式来表达，而是带有模糊性。人们在这种模糊的规律指导下，尝试着用某种方法去解决创造问题，在熟练运用创造技法后，必然逐步产生经验，在创造经验较丰富的情况下，直觉往往可以帮助确定该用哪种方法。

最高境界的创造是忽视方法，是把各种创造方法综合融汇，自由发挥；讲技法又不唯技法，用技法又会变技法，学技法又敢创技法。掌握创造技法不能靠别人讲授和自己读书、听课，必须靠自己和群体的多次练习和体验。

最后，参加创新实践，注重创新活动。创新能力是一种潜在的能力，它只有通过个人在一定环境和科学技术下的具体实践活动来显现。因此，实践是人们创新能力形成的根本途径，通过“尝试—纠错”式的学习，经过漫长岁月累积可以逐渐形成创新能力。大学生可以应用“直接创造法”及早涉足创新，即在知识不太多时直接对照创造目标进入创造过程，然后根据创造的需要反过来补充有关知识。从辅助工作做起，在积累了必要知识后，直接参加科研开发工作，边学习边创造，边创造边学习，不断提高自己的创新能力。

大学生可以通过参加各种社会实践活动，在坚持实践内容和形式的多样性和丰富性的基础上，进行多侧面、多领域锻炼。同时，还要重视实践的创新性，提高实践的层次和水准。每一次实践活动如果都只是简单的重复过去，那么无论从内容上还是形式上都不可能比过去有所发展，有所突破，也就不可能有所创新。此外，大学生们还需要重视实践活动，注重在群体实践活动中相互学习，学会取人之长补己之短，最终提高自己的创造能力。

任弼时的“创造性落实”

一、大胆创新，容许失败

1940 年 9 月，党中央决定由任弼时负责指导陕甘宁边区工作。当时中央对处于和平环境下的陕甘宁边区党政工作做出了转入以经济建设为中心的重大决策部署，要求边区先行先试开辟出一条在坚持抗战中的自力更生的大道，寻找出建设新民主主义社会的一些规律。

1941 年至 1944 年，任弼时多次在边区县级以上干部会议上发表重要讲话，强调地方党政机关抓经济建设工作要“发扬创造性”，努力推进中央经济工作方针政策和工作部署在边区更好地实现创造性落实。

任弼时动员大家要大胆创造，勇于“发扬创造性”“发扬大胆创造事业的精神”，指出只要这种大胆创造是符合党的政策的、是群众需要的、是适合于边区建设利益的都要大力支持，要容许犯错、容许失败。

为什么要容许犯错？他指出，“我们在经济建设中的许多方面的工作还是在摸索过程中，尚未走上正确的轨道，有些缺点错误因为我们还缺乏经验是难于免除的”，出现一些缺点错误“也正表示我们是在发展当中，它们是发展中的产物”。为什么要容许失败？他指出，很多创造性工作都是经过了失败的过程才逐渐发现一些规律走上正轨的。他特地列举了两个典型例子。一个是为落实发展公营经济的方针，许多机关开办了工厂，但大体上都是先赔本的，因为赔了本受了教训，才会想方法改进，逐渐使其走上正轨进入获利期。再一个是组织群众办综合性合作社，起初是简单地、机械地按照规章办事，办得群众都不愿意参加，卖的东西也不比商店便宜，最后发现真正合乎群众需要的是像延安县南区合作社那样的形式。

同时，任弼时明确指出要“按照具体情况”实事求是大胆创造，坚决反对“大胆”地走偏方向。1942 年 10 月至 1943 年 1 月中共西北中央局召开陕甘宁边区高级干部会议，毛泽东、任弼时先后发表讲话。毛泽东指出，“发展不是冒险的无根据的发展”“反对空洞的不切实际的大计划”，批评在经济建设工作中“有些同志不顾此时此地的具体条件，空嚷发展，例如要求建设重工业，提出大盐业计划、大军工计划等，都是不切实际的，不能采用的”。任弼时赞同并进一步重申了毛泽东的这个观点，指出“像某些同志所幻想的那样”，在地广人稀、经济落后的边区建设重工业，这种“大胆”创造就是不搞详细调查研究，凭着自己脑子里的想当然，是不可能实现的，是一种典型的官僚主义，要坚决反对。

二、发扬创造性的实质

1944 年 4 月，任弼时在陕甘宁边区高级干部会议上全面总结 1943 年边区经济建设取得的巨大成绩时，有一段内容是专门从方法论上论述的：边区的干部、党员以至于群众，对经济建设中发展农业生产的方法，经过去年的实践，应当说是有了很多的经验，现在，要使他们对于经济建设中的金融、贸易、财政及民间自给工业等类问题，也能如农业生产一样加以很大的注意和努力，“那我们就必然能够创造许多新的办法，使我们在这方面的工作很快就可以收到成效”。这段话实际上道出了“发扬创造性”的实质就是努力创造新办法实现创造性落实。

什么叫新办法？正是任弼时 1941 年 2 月在陕甘宁边区各县干部联席会议上要求确保完成中央下达的外运销盐这项艰巨任务时所提到的“先进的合理的办法”。他提出产盐中的交通运输问题，强调“这项工作要靠我们政府和党去很好地组织。我们的同志要用先进的合理的办法做给老百姓看，起模范作用，推动群众干”。

当组织群众驮盐运动成为边区各级党政机关抓经济建设工作的一项中心任务后，各地如何创造新办法抓落实一直备受任弼时关注。后来他用“这是一个很大的创造”高度赞扬了一些地方在组织群众驮盐运动中创造的“先进的合理的办法”。比如延安县创造了“公私合作的二八分红制”的新办法来组织群众运输队，既落实了“公私兼顾”的中央经济建设工作方针，又增强了一般运输员的工作责任心和积极性，大大提高了运输力。他举例该县成效明显的杨家岭运输队，过去大车载重不过 900 斤，驮骡载重不过一百五六十斤，现在大车载重提高到 1 300 至 1 500 斤，驮骡载重则提高到 200 斤至 220 斤。

三、发扬创造性的有效路径

任弼时指出，“在一县、一区、一乡工作的同志，都要学习善于按照当地群众的需要和可能的条件出发，去独立地创造事业”“能够从群众的利益出发，兼顾群众的习惯，大胆并细心地在生产事业中发挥大家的创造性”，告诉大家“发扬创造性”实现创造性落实一定要围绕“为了群众、依靠群众”去探寻有效路径。

在他总结给出的要求边区地方党政机关落实的有效路径中，都突出强调了“为了群众、依靠群众”这一探寻路径的根本方法。

一是把中央指导制订的边区经济建设计划变为边区群众的计划。一方面，“按照各县各区各乡不同的具体情况规定出该县该区该乡执行这个计划的具体的办法”；另一方面，把这个计划以及具体办法“在群众面前进行很好的解释工作，使他们拥护这个计划，自愿为这个计划的实现而行动起来，也就是说把领导机关的计划变为群众的计划”。比如中央要求普遍发展边区变工队，首先就应当使群众认识这种变工队有调剂劳动力、调剂耕牛、增加粮食生产等好处，使他们乐意来采用这个办法。

二是集合群众的经验与智慧来研究解决落实过程中不断产生的新问题。任弼时说：“随着边区生产的发展，就产生许多新的需待我们解决的复杂问题。”我们过去对这些建设中的新问题是缺乏经验，只有依凭我们的决心、努力和创造精神，以学习的态度与群众联系，集合群众的经验与智慧严肃地对待每一个新发生的问题。

三是及时总结推广群众首创的经验。任弼时指出，“在生产建设的运动中，一定会有许多努力生产和富有创造性的模范者在群众中涌现”，在工作总结时要善于发现、推广这些模范者首创的经验教训，并依靠这些模范者来推动面上工作的创造性落实。他指出：“去年（1943 年）劳动英雄大会总结了合作劳动的经验，今年经过党的领导和各地劳动英雄们的推动，可能有百分之六七十的劳动力组织起来。”

四、提高干部的创造能力

“干部决定一切”“我们上级党部必须培养我们的干部，能够根据党的政策大胆地去创造”。任弼时认为要“发扬创造性”，关键在于边区各级党委要培养和提高干部的创造能力，努力打造出新时局下“富于创造能力”的干部队伍。

在他看来，干部的创造能力主要体现在创造思维和创造实践两个方面，“生产建设是繁重的工作，同时又是最实际的工作，不但要用脑子去考虑问题，而且要用手用脚去改变事物”。他提到创造能力中的一项重要内容就是创造的精准度，富于创造能力的干部在创造过程中能做到“少犯错误、不重犯错误”。因此要求干部努力做到“每当一个新的问题发生需要处理时，能够事前加以深入的调查研究，事后详尽地总结经验教训，使我们少犯错误，不重犯错误，而能较快地走上正确的轨道”。

为了提高边区干部队伍在经济建设工作方面的整体创造能力，除了培养、训练等常规办法，任弼时亦提出了一些新思路。比如要拓宽视野，不拘一格地从群众中挑选富有生产经验和创造能力的人才充实到各类干部队伍，推举出可以担任公办的纺纱或织布厂的办厂干部、农村支部书记、乡政府主席等。又比如在奖励优秀的经济建设工作干部时，增加“有创造能力”这一评选条件，激励广大干部善创造、能创造。（资料来源：中共中央文献研究室主编《任弼时传》，中央文献出版社 2014 年版）

点评　在陕甘宁边区，任弼时通过“创造性落实”抓好边区生产建设工作。在和平时期，我们无须面对艰险复杂的斗争环境，但是却需要创新学习或者工作的方式方法，用智慧来灵活地应对新的挑战。这种灵活应对新问题的智慧来自我们平时的实践经验积累，更来自于不断的、与时俱进的学习当中。

黄伯云院士：创新铸就辉煌

黄伯云，中国工程院院士，我国材料科学领域的战略科学家，中南大学前校长。2005 年 3 月 28 日，他凭借着“高性能炭/炭航空制动材料的制备技术”这一研究成果获得了国家技术发明一等奖，结束了这个奖项从 1999 年到 2005 年连续 6 年空缺的历史。俗话说，十年磨一剑，但从起步研究到走向中国最高级别的科技大奖领奖台，黄伯云和他的同事们的这一剑却磨了将近 20 年的时间。

1969 年，黄伯云从当时被称为亚洲最好的矿冶学府——中南矿冶学院毕业，留校从事材料科学教学和科研工作。1978 年，黄伯云经历了人生第一个重要转折。他作为中南矿冶学院粉末冶金研究所教师，参加了全国首批公派留学人员统一考试，并最终以全校第一名的成绩考取了留学资格。

1980 年，怀着极度兴奋和好奇的心情的黄伯云在爱荷华州立大学开始了他 8 年留美的学习和研究工作。那里冬天极端气温可达零下 40 摄氏度，他每天都要顶着刺骨的寒意，步行往返校舍和住处。路上实在冷得受不住了，便跑进路边建筑里躲躲，等冻僵的身子回暖，再继续赶路。

有一年圣诞夜，周围的同事们都度假去了，黄伯云仍忙碌在实验室里。午夜过后，系主任威尔德教授忽然因急事来到实验室。当他看到整栋大楼只有黄伯云还在紧张工作时，被他的钻研精神深深打动。

不久，黄伯云就以勤奋踏实的研究态度和出色卓著的研究成果让导师刮目相看，导师当即决定给他全额奖学金攻读博士学位。黄伯云用 5 年时间顺利拿到了学位，之后又转到田纳西大学做了两年博士后研究。

“压力大”是他回忆起8年留学生涯最深刻的体会。压力的来源是对学习的紧迫感和对国家的使命感。“我们这批留学生，都是经过选拔的，当时在国内称得上优秀。出国，都是希望能在各自领域有所建树，所以对自己都有着严苛的标准。”

8年留学期间，他获得过全额奖学金，发表过十多篇具有国际影响的学术论文，以卓越的学术科研实力在美国这片陌生的土地上站稳了脚跟，有美国公司曾向他抛出橄榄枝，开出年薪10万美元和全家“绿卡”的优厚待遇。黄伯云却做出了一个令常人难以理解的决定——归国。1988年，黄伯云携全家一起回到中南工业大学。黄伯云也成为改革开放后第一个在美国完成硕士、博士、博士后学习研究工作后归国留学人员。

当时，他在中美两国享受的待遇可谓天壤之别。在中国，黄伯云的月工资只有100多元人民币，而在美国是几千美元。“那时中国经济条件还不是很好，回国时我全家没了户口，全家需要重新办理户口，由于暂时无户口证件，不能到粮店里买粮食，只能在学校周边的自由市场买高价米吃。”

回国之后他把研究目标锁定在世界航空制动领域最先进的材料——炭/炭航空制动材料（即飞机刹车片）的研制上。飞机的起降和滑行都离不开安装在飞机轮子里面的刹车片，如果刹车片失灵飞机就会冲出跑道，造成机毁人亡。国际上通用的航空刹车片有金属盘和炭/炭复合材料两种，那时中国只能生产金属基刹车片，但随着飞机的更新换代，金属基刹车片早已不能满足新的需求。西方发达国家20世纪70年代就已经开始使用炭/炭复合材料飞机刹车片。而用炭/炭复合材料制造的刹车片具有重量轻、性能好、耐高温、寿命长等特点，被制造业称为“黑色的金子”，制备难度非常大。多年来，中国航空刹车片全部依赖进口，每年要花费大量外汇。更致命的是，这导致中国的航空事业受制于人。如果国外对中国实行零部件禁运，中国的航空战略安全即受到威胁。

黄伯云就是憋着一口气回来的，他内心深处的目标是“要搞就要搞世界第一”。可不料，研究首先是从屈辱开始的。为了节省时间、少走弯路，黄伯云想到与一个航空大国进行合作。黄伯云到该国很有名的公司去访问，接待他的公司负责人说：“很抱歉，你们不能参观我们的生产车间。”黄伯云听了，心里很不是滋味，但为了加快研究进程，他还是买回了一个开价几百万美金的产品。可课题组对产品进行解剖发现，这个产品竟是个废料。外国专家轻视的话语和愚弄的做法，让黄伯云在气愤之余，体会到深深的屈辱——为人所瞧不起的屈辱。他自问：“没有自主创新的东西怎么能在世界上立足？”攻克炭/炭材料的制备技术，解决“卡脖子”的隐患，对于黄伯云甚至对整个国家发展而言，都是势在必行、迫在眉睫。

夏天，湖南长沙气温常在38～39℃，是名副其实的“火炉城市”。而真正的实验炉内部温度超过1 000℃，往往要把实验室的温度带至45℃以上。舍不得用有限的经费买空调，黄伯云和课题组成员冒着酷暑坚持研究，实验室热得受不了，就到室外“凉快”一下。经费几乎用完，尚有问题未彻底解决，他通宵达旦、带病上阵，仍咬牙坚持。时间转眼就到了 2000 年 9 月。在模拟飞机试验中，刹车片温度急剧升高，摩擦系数严重下降，课题组在最后关头失败了。作为项目的主帅，黄伯云说：“那个时候连睡觉都很难，安眠药吃一两次都不能解决问题，痛苦得难以想象！”当时，他平均每天工作时间达 12 个小时，时常通宵达旦。一天，医生刚给他做完手术，他就马上赶回学校投入实验。突然，感到腹部胀痛，裤腿湿润。到卫生间一看，原来是出血染红了大腿。他到医院做了简单处理后，不顾医生要他卧床休息的要求，又返回实验室工作。一遍遍地推倒重来，一项项检查，一点点琢磨，改进工艺，添加新的材料。一年多后，成功终于降临，黄伯云终于让无数个看不见、摸不着的碳原子听从指挥，有序排列，形成了完整的“高性能炭/炭航空制动材料的制备技术”。

2003 年 9 月，大型民用飞机上的试飞试验全部完成，中国飞机依赖进口刹车片才能“落地”的历史被改写了。这也使中国成为继英、法、美之后，第四个拥有自主生产高性能炭/炭航空制动材料的国家。此时，当年卖给黄伯云废料的那个国家仍然未能实现技术突破。现在，这个国家的科学家看到黄伯云的产品后，直竖大拇指，连称“你们干得好”。黄伯年不客气地说：“我们确确实实超过了他们。”

作为一项世界领先研究的主导者，黄伯云感受到的最大变化是成功带来的尊严。他说，科研能力是金钱也买不到的，对经济发展、对国家安全都将产生重大而深远的影响。他感慨地说：在国外的大企业、大研究所面前，当你没自己的技术时，你是没有任何尊严的。现在我们有了自己的技术，天平的倾斜一下子就转变了。他高兴地说：现在我们受到尊重，取得了平等交流的资格，我们就可以更好地参与国际竞争。黄伯云通过自己艰苦卓绝的努力告诉世界，中国一样可以自主研发出国际上最好的科技产品。

（资料来源：《中国留学生的 40 年》，东风网，发布时间：2018 年 09 月 20 日）

点评　创新是新时代中国最鲜明的特征。黄伯云率领的课题组的确通过自主创新，解决了国家的大问题，打破了国外在这方面的技术封锁，实现了我国高性能航空制动材料国产化，对确保国家航空航天战略安全具有重大意义。正是像黄伯云这样用“特殊材料”制成的科学家，以他们敢于攻克任何难关的勇气，一步步推动着我国科研事业的发展，为我国的社会经济发展增添了动力，为中国航空战略和国防安全增添了砝码，为中华民族增加了自信。黄伯云实验炉里那不熄的火焰，点亮的是中国高科技发展的历史。

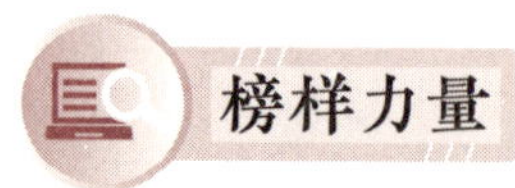

三个 90 后“创”出精彩人生

5 月 15 日，岳阳职业技术学院创新创业孵化基地里热火朝天，学生正在厉兵秣马、紧张备战即将举行的学院 2019 年创新创业大赛。护理学院学生段晓静几乎每天晚上都要到孵化基地来，不断补充知识、自学相关内容，备战创新创业大赛。

近年来，岳阳职业技术学院重视学生创新意识与创业能力的培养，积极探索“专业实训 + 创业体验”的技能培养模式。学校自建校以来，培养了 11 万余名毕业生，其中涌现出一大批怀揣创业梦想、投身创业实践的优秀人物，用知识与激情为人生扬起风帆。让我们一起走近他们，去聆听他们的创业故事。

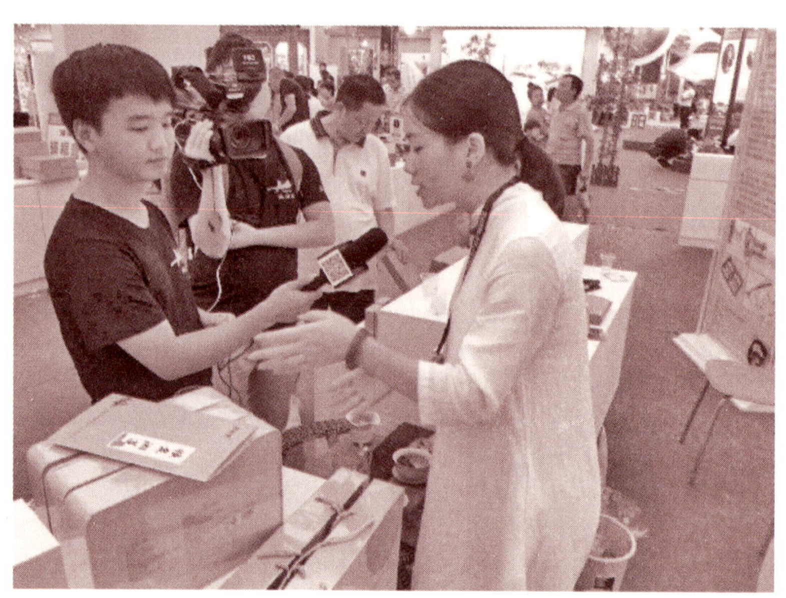

（图片来源：岳阳职业技术学院官网）

一、张潇丹：茶香里的追梦人

张潇丹，岳阳职院旅游管理专业毕业生。2016 年，毕业后的张潇丹与朋友一起成立了岳阳市妃情君山茶业有限公司，开始了自己的创业之路。经过 3 年的发展，公司成为岳阳市食品行业经营协会的副会长单位；产品获得2018年第十届湖南茶叶博览会“茶祖神农杯”名优茶评比金奖，并多次代表岳阳楼区中小企业外出参展。

谈及自己的创业之路，张潇丹表示一路走来并不容易。2016年，刚刚毕业的张潇丹响应党和国家的号召，选择了一条自主创业的未来之路。出于对茶叶的爱好，她将自己的创业项目放在了茶叶上。成立之初的公司只有5名成员，张潇丹大部分的时间要一人扮演多个角色，从对外公关、包装生产、运送货品、产品开发到销售渠道等各项工作，她都需要亲力亲为。张潇丹表示，短短3年多的创业之路，让她从一个初入社会的热血青年，变成了一个万能的职业人。

创业之初，张潇丹遇到的挫折不计其数。曾经有一个团购业务单，她整整接洽了一年多，每天不厌其烦地上门推销介绍产品，客户最终却并没有同她合作。种种失败并没有让年轻的张潇丹放弃，她认真地反思问题，虚心地向同行请教，开辟其他销售渠道，通过连锁超市铺货销售、同行供货合作、网络营销等模式，她的茶叶品牌效应逐渐突出，销售业绩稳步上升。不仅如此，她还通过微信、微店等方式销售茶叶，在实体店、电商之外开辟了新的销售渠道。

如今，看到自己钟爱的茶事业发展得越来越好，张潇丹脸上多了几分欣喜与自豪，心中最初的信念更加坚定了：壮大自己的茶叶品牌，实现自己的创业理想。

二、李宇杰：“95后”的花艺创业路

另一名“95后”小伙儿同样干得非常出色。他叫李宇杰，是岳阳职院生物环境工程学院园林技术专业2016届毕业生，现为岳阳一家花艺中心的负责人。

李宇杰说：“大学期间的一次创业培训改变了我的人生轨迹，在培训中有幸接触了很多企业家、职业讲师。还处在学生阶段的我和本专业的同学一起开始了自己的创业项目：做园林花艺。”

项目有了，合伙人有了，他的花艺小店正式成立。但在成本高、销售困难的种种压力下，最初的项目无以为继；失败之后，李宇杰并没有灰心，他开始筹划着转型，在充分地学习和调查后，在市创业办的帮助和建议下，园艺中心找到了现在的“生产繁育家庭园艺花卉，承接庭院景观设计，开展花卉植物培训”的发展模式。

现在，李宇杰的花艺事业蒸蒸日上，在岳阳城区小有名气，他推广的“园艺疗法”也吸引了众多岳阳花友的目光。谈及未来的规划，李宇杰表示，他准备在岳阳县新承包了一片土地，在这里建设自己的综合性花卉基地，给岳阳及周边地区的养花爱好者提供一个更完善的花卉基地，并带动周边的农户们致富增收。

三、付金龙：敢想敢拼的乡村医药销售

来自岳阳职院医学院药学专业的2012届毕业生付金龙也是一位有干劲、有想法的创业者。他的创业方向是乡村医药销售。

“没有工作经验，盲目地去创业肯定会夭折。”这是付金龙在创业前深思熟虑后做的决定。他认为，要创业，首先必须得积累经验。为此，他在大学期间就在平江县一家药品公司的配送站实习，利用实习机会学经验。

积累了足够的经验和资金，2015年，付金龙盘下了邻镇一家药房，正式开始实践自己的创业梦想。接手药房后，不少问题接踵而来：药品陈列不规范、药物品种不全、药品销售渠道单一……好在这些对于专业出身又在医药行业工作了3年多的付金龙来说不是大问题。他很快凭借着自己的经验和人脉，让药店的生意慢慢好转。2018年，他的药店平均月营业额突破了13万元，年营业额达到160万元。

谈起自己的创业之路，付金龙告诉学弟学妹们，自己创业成功的钥匙有三：首先，进入自己比较有优势的领域；其次，要有务实的态度，不要一味想一步到位，首先必须累积经验；最后，稳健地拓展自己的事业，把控好细节。

岳阳职院招生就业处处长凌建中介绍说，“拓展实践渠道，创新教育方法”是学院打造高职教育品牌的方法。近年来，学院建立了“大学生创业一条街”“老年护理产业园”“现代农业技术实训中心”“大学生创新创业孵化基地”“汴河街大学生创新创业基地”等校内外创新创业实践实训基地，并成立专业工作室和学生社团，为学生充分发挥创业意识和提高创业能力提供平台。不仅如此，学院还成立了“岳阳职院校友创业促进会”，聘请了60余位创业成功的校友为创业导师，建立了“创业资助基金”。同时，还采用教师集资、教师与学生共同入股，教师、企业与学生共同参股等形式，开设了养殖场、花店、园林设计公司、小超市、老年护理产品营销店等创业项目，全面激发了学生的创业意识和创业激情，真正让学生实现了边学习、边实践、边创业。

（资料来源：《三个90后“创”出精彩人生》，《岳阳日报》2019年05月20日第4版）

点评 一个民族的创新和创业素质和能力，是关系民族兴旺发达的大问题，也关系到这个民族对全人类的贡献。当前，国家已经把创新创业提高到国家战略层面，大众创业可刺激经济增长，改善国民经济，带动就业，是创造新兴经济体新产业模式的有力工具。大学生是一批有知识、有学问、有想法、有激情的人，是创新创业的主力

军，要鼓励大学生勇于去创新、大胆去创业。近年来，岳阳职业技术学院积极探索“专业实训+创业体验”的技能培养模式，涌现出一大批投身创业实践的优秀毕业生，成为我院学子的榜样示范。

创新创业社会实践活动

指导思想：全面贯彻党的教育方针，落实立德树人根本任务，以推进素质教育为主题，以提高人才培养质量为核心。在实践中切实锻炼我院大学生的创业能力，培养他们的创业精神，引导和激励广大学生充分发挥创新、创业才能。

活动时间：每年9—12月。

参加人员：全体新生。

活动内容为三选一。

活动主题一——大学生创新创业项目问卷调查：大学生开展创新创业活动是时代提出的要求，也是社会发展的趋势。我们特组织此次问卷调查活动，目的是了解大学生关于创新创业的看法。问卷调查可以在校园针对本校同学，特别是针对在学院内的创业街兼职的同学；也可以利用“问卷星”在线平台对外校大学生进行调查并统计分析结果，活动由教师指导学生独立完成。

活动主题二——做一次优秀创业者访谈：学生结合自身专业，联系相关行业中小企业优秀创业者。针对其创业动机、创业过程、创业经验设计访谈问题，完成访谈并形成记录。

活动主题三——参加大学生创业实践教育基地活动：岳阳职业技术学院创业实践教育基地由岳阳职业技术学院和岳阳市汴河街旅游文化经营管理有限公司共同搭建，旨在培养我院大学生自主创业能力、增强学院服务地方经济社会发展的能力。基地针对大学生每两周举办一次创新创业知识专题讲座，学生需提前自行报名。

注意事项：

(1) 活动内容多，学生可在9—12月内自行选择完成三项中的一项。

(2) 为节约成本，问卷调查采用在线调查的形式。

(3) 访谈优秀创业者需要留存访谈视频或访谈记录。

附件——调查问卷

（一）个人基本信息

1. 您的性别：［单选必答题］

○男　○女

2. 您的年级：［单选必答题］

○大一　○大二　○大三　○大四　○硕士生或博士生

3. 您来自：［单选必答题］

○城镇　○农村

（二）大学生创新创业基本情况调查

1. 您希望毕业后的去向是：［单选必答题］

○继续深造　○到企业工作　○考取公务员或者事业单位　○自主创业　○其他________

2. 你是否对创业有兴趣或有创业意愿？［单选必答题］

○没兴趣

○兴趣一般，条件合适可能会考虑

○十分感兴趣并有比较系统的思考

○正在进行创业

3. 你认为当前大学生自主创业形势如何？［单选必答题］

○十分严峻

○比较困难

○一般

○较有希望

○成功率很高

4. 如果创业，您会选择：［多选必答题］

□与自己所学专业相关的领域

□自己感兴趣的领域

□当今热门领域（如软件、网络等高科技领域）

□启动资金少，风险较低且容易入门的领域

□依机遇顺势而定

5. 您认为大学生创业的原因是什么：[多选必答题]

□最大限度实现自我价值

□可以做自己喜欢的事情

□崇尚弹性工作时间

□想自己当老板，不想为别人打工

□可以赚更多钱，改善经济条件

□解决就业问题

□用专业知识、智慧为社会创造财富

□其他________

6. 您认为一个准备创业的大学生需要具备哪些能力：[多选必答题]

□专业基础知识

□管理、领导能力

□持续学习的能力

□把握机会的能力

□沟通协调与处理社会关系的能力

□熟悉创业政策与环境

□承受与规避风险的能力

□获取资源的能力

□其他________

7. 您认为目前大学生创业的障碍：[多选必答题]

□缺乏相应的知识和能力

□缺乏资金

□缺乏工作经验

□缺乏社会资源或人脉

□缺乏合适的项目

□创业环境差，缺少扶持和保障

□家人反对

□其他________

8. 在创新创业过程中遇到困难，除了学校您还能想到向其他什么样的组织/机构/企业寻求帮助？[多选必答题]

□社会管理服务机构

□专门的支持创业的实体机构

☐相关项目的组织

☐网络平台上的组织

☐不寻求帮助

☐其他________

9. 您是否了解李克强总理提出的“大众创业，万众创新”理念？［单选必答题］

○是　○否

10. 您对“十三五”规划中提出的实施创新驱动战略了解程度如何：［单选必答题］

○实时关注，非常了解

○偶尔关注，比较了解

○不关注，但知道一点

○完全不了解

11. 您认为政府的相关扶持政策对大学生创业是否重要：［单选必答题］

○非常重要

○比较重要

○一般

○不太重要

○很不重要

12. 您对目前大学生创业的保障机制（包括政府扶持政策、创业教育培训、金融支持、社会环境等综合因素）是否满意：［单选必答题］

○非常满意

○比较满意

○一般

○不太满意

○很不满意

13. 您认为政府在大学生创业方面应该提供哪些支持？［多选必答题］

☐大学生创新创业财政资金支持

☐重点打造众创园区，建设创业示范园区

☐促进科技资源开放共享

☐加大大学生自主创业宣传鼓励力度

☐建设创业导师队伍，丰富创新创业活动

☐政府不应该过多干预

☐其他________

14. 您对“十三五”规划提出的推动创新创业的政策有哪些建议或看法？［填空题］

____

职业感悟

一、专题讨论

围绕“讲好中国创新故事，发扬现代职业精神”组织一次专题故事分享会，分享创新典型人物或科技、文化、能源、医疗卫生、基础建设等各个领域的创新典型案例。每个同学结合自己的专业学习写出感悟。

二、主题宣传

以“讲好中国创新故事，发扬现代职业精神”为主题在学校宣传栏和班级黑板报开展专题宣传。

三、课堂展示

各班思政课课堂分小组制作课件，分享感悟。

第六单元
开放精神：放眼世界，兼收博采

开放精神主要是指变革创新和开放包容的精神，在视野上表现为放眼世界、反思比较、取长补短、互学互鉴、兼收博采，这是中华民族弥足珍贵的精神财富，是民族精神的具体体现。从汉朝的张骞出使西域，到唐朝的“万国来朝”，再到明朝的郑和下西洋，几千年来中国总体上是开放的，在开放中探索发展，在发展中走向强大。

在全球竞争日趋激烈、世界合作日趋紧密的今天，国家的发展尤其需要更多的具有国际视野的高素质人才。当代大学生是我国全面建成社会主义现代化强国、实现中华民族伟大复兴的生力军，是祖国的未来和民族的希望。大学生是否具有国际视野对于国家的发展尤为重要。国际视野要求大学生具有深刻的国际眼光，能够洞悉世界风云变幻的实质；要求大学生具有正确的国际视角，能够清醒审视和质疑一些西方媒体的强势话语，提出自己的独立见解。为此，需要大学生做出以下几个方面的努力：

第一，具有自觉的开放意识。青年大学生朝气蓬勃，接受能力强，接受新鲜信息快，求知欲望强，要发挥自身的优势，自觉提高思想认识，积极主动面向世界，让自身走向世界。继承和发扬中华民族优秀传统文化是当代大学生义不容辞的责任。同时，让自身走向世界，为中国腾飞助力也是当代大学生的伟大使命。

第二，具有开阔的国际眼界。思路决定出路，眼界决定世界。面对五彩缤纷的大千世界，大学生要努力学习，广泛涉猎，开阔和丰富自己的眼界，开创和成就自己的梦想。要放眼全球，批判地吸收当今世界各国的先进文化，尽可能通过广泛涉猎和熟悉世界各国历史、文化、艺术、风俗等来开阔自己的国际眼界。

第三，具有过硬的综合素质。首先，要掌握现代科学技术知识，做到既“专”又“博”。要在学好专业知识的同时努力扩大自己的知识面。其次，要具有良好的国民心态和涵养。要有胸怀天下的非凡气度和风范，要宽容、理性、务实、开放、文明、诚信，展现新时期大学生良好的文明素养。最后，要具有良好的分析和辨别信息的能力。要善于从世界文明发展史中汲取智慧和经验，做到为我所用，以人为鉴，以史为鉴，在历史长河的滚滚洪流中找准自己的定位。要善于分析当前国际形势大调整大变革的错综复杂局势，树立全局观和国际化大视野，把握和平和发展的世界主题，充分认识发展是硬道理和稳定压倒一切的重要意义。我们要倍加珍惜当前稳定发展的大好机遇，理性合法有序地表达爱国情感，用努力学习、发愤图强的实际行动为校园的安定祥和、为祖国的稳定发展做出自己应有的努力。

最后，具有坚定的政治立场。放眼全球，当前世界正处在一个思想大活跃、观念大碰撞、文化大交融的时代，先进文化、有益文化和落后文化、腐朽文化并存，正确思想和错误思想、主流意识形态和非主流意识形态相互交织。在这种环境下，我们尤其要保持清醒头脑，认清形势，以社会主义核心价值观构筑自己的精神支柱，坚决抵制各种西化、分化思想的侵扰，坚定地跟党走，坚持走中国特色社会主义道路，做坚定的青年马克思主义者。

任弼时与莫斯科东方大学的不解之缘

任弼时16岁投身革命，46岁英年早逝。在他30年的革命生涯中，曾四度旅居莫斯科，与莫斯科结下了不解之缘。在近10年的旅居生活中，任弼时给共产国际留下了很深的印象，为开拓中苏关系新局面立下了不朽的功勋。

一、追逐理想：抛弃文凭，奔赴东大

任弼时等人留学东方大学，是“五四”前后中国青年留学大潮中的一部分。在当时的大批有志贫寒青年中，可称为潮流的留学活动，最初是赴法勤工俭学，后转移到了列宁领导下的苏俄。十月革命后不久的1919年至1920年，苏俄政府两次发表对华宣言，宣布废除沙俄时期一切不平等条约和在中国的一切特权，在中国引起强烈反响。很多人对苏俄产生了了解和效仿的兴趣，各地相继出现研究俄罗斯的团体，促成了一批青年赴苏俄留学，其中就包括任弼时。

1920年夏，16岁的任弼时临近中学毕业。他的同窗好友回忆他们当时的思想状态时说：“青年人总是有理想的，我们不愿在内忧外患的国度里，做任人宰割的牛马，做一个仅仅为了谋生而活着的人，而想寻找我们理想中的最好的出路。”当时，“我们所向往的是效仿前几批留法勤工俭学的学生，到国外去见见世面，一边工作，一边求学，以寻找救国救民的道路，来改造这不平等的社会”。可惜当时赴法勤工俭学已经不再派了，只能另寻出路。当任弼时和好友听说有个俄罗斯研究会正在筹备时，心中的愁闷一扫而空。二人“躺在宿舍的床上，辗转反侧，兴奋地睡不着。去不去？还有几个月就要毕业了，文凭还要不要？商量来商量去，两人都横下一条心，去！文凭不要了”。于是由船山中学校长贺民范介绍，他们加入了正在筹建中的俄罗斯研究会。当年秋天，在毛泽东等人主持下，经反复研究，研究会最后选定任弼时等六人，赴上海外国语学社作留俄学习准备。

1920年8月22日，在上海的共产党早期组织决定在学员中正式建立上海社会主义青年团，由共产党早期组织成员俞秀松主持团的工作。20多名学员被吸收为第一批团员。1921年4月，共产党早期组织经与苏俄方面联络和安排，决定分批派学员去莫斯科学习。这一批得风气之先的以湖南籍的先进青年为多，他们原本打算如赴法的青年们那样半工半读，历史却给了他们更好的机遇。

1921年2月，根据当时的国际革命形势，俄共（布）中央决定成立一所“专为东方殖民地国家、地区和劳动者共产党以及苏俄境内东部地区少数民族培训政工干部”的高等院校，直属教育人民委员部，这就是设在莫斯科的东方劳动者共产主义大学，简称莫斯科东方大学（以下简称“东大”），由斯大林任名誉校长。其国内部招收苏俄境内东方各少数民族学生；国际部则专门培训东方各国学员。东方大学是苏俄乃至苏联最早一批高级党校之一，是一所政治大学，专门为东方各国共产党培训政治干部，它不仅不收学费，而且包食宿，还给学员提供各种各样从事政治活动的机会。相反，当时欧洲失业严重，多数赴法勤工俭学的学生不仅难以进入各种专业技术学校，甚至连生活都越来越困难。有人回忆说："那时'俄国'是希望和光明的象征，对我们的吸引力太大了。推翻了旧世界，建立了工农政府，没有剥削、没有压迫……这些在书本中、课堂上读到、听到的崭新世界，就要展现在我们面前。一想到这些，我们都抑制不住内心的兴奋。"

1921 年 5 月中旬，经在上海的共产党早期组织介绍，第一批学员乘日本邮轮从上海取道日本长崎到海参崴（现称符拉迪沃斯托克）赴苏俄留学。临行前任弼时在给父亲任思度的信中说："人生原出谋幸福，冒险奋勇男儿事。况现今社会存亡生死，亦全赖我辈青年，将来造成大福世界，同天共乐，此亦我辈青年人的希望和责任，达此便算成功。"这一批 36 名学员经过近三个月的艰险旅程，于 8 月抵达莫斯科，成为中国留苏学生中的"先驱"。

二、艰险旅程：求学之路，义无反顾

第一次世界大战虽然结束了，俄罗斯的土地上战火还没有泯灭。为了扼杀年轻的苏维埃共和国，十四个帝国主义国家的军队，调转枪口，勾结白匪来对付苏维埃政权。苏俄远东地区的海参崴和滨海省，盘踞着日本军国主义的军队。任弼时等乘坐的邮轮，先从上海到日本长崎，然后再从长崎起航去海参崴。在长崎靠岸时，为了安全，他们不敢登岸，成天守在昏暗闷热的船舱里。

海参崴还在冰天雪地中，寒风呼啸，又闹着鼠疫，街上行人稀少。他们住进一家中国人开的小旅馆，在冷冰冰的屋子里，等候着与共产国际远东局的人接头。任弼时感冒了，身子发着烧，清水鼻涕不停地淌着。他们按照指定的地点和联络暗号，找到了共产国际远东局的秘密联络点，接待他们的是海参崴大学的教授伊凡诺夫。伊凡诺夫叮嘱他们说，从海参崴到伯力是红军和白军交界的区域，沿途盘查很严，如果遇到白匪，暴露了身份，就会有生命危险。只有到了红军管辖区的伯力，安全才有保障。

任弼时等约定了到伯力会合的地点后，三三两两，坐上北行的列车离开海参崴。列车运行不久，突然在伊曼河前面停了下来。车上的旅客全得下车，通过日本占领军的检查站。任弼时和同伴小心翼翼地来到检查站。谁知一量体温，任弼时被扣了下来，他被怀疑是鼠疫患者。这样一来，他和同伴失散了。

等在伯力会合时，大家没有见到任弼时，都为他担忧。因为在同行者中，任弼时年龄最小，正患着感冒，身上又没有多少卢布，万一迷了路或者遇到白匪，就有生命危险。可两天以后，大家喜出望外地见到了任弼时。原来任弼时被扣留以后，日本人和白匪先是盘问，他一口咬定是到俄国去谋生的。接着又量体温。任弼时急中生智，悄悄地将温度计的水银球露在腋窝的外面，这样，体温就显得正常了。他这才通过了检查站，过了伊曼河，他沿铁路线徒步走到一个车站，搭上下一班列车到了伯力。大家都赞扬任弼时的镇定和机灵。

在伯力会合后，他们把缝在棉衣服里的介绍信取了出来，交给共产国际远东局的接待机关，从此，他们的食宿和旅行，都由红军的机关给予安排。虽然四年的世界大战和三年的国内战争，把古老的俄罗斯弄得筋疲力尽，物资供应比较紧张，交通也没有完全恢复，火车走走停停，可究竟全是红区，一路还算顺利。历时两个月，他们终于到达了红色首都莫斯科。这一天是1921年7月9日。

三、刻苦求学：系统学习，开阔视野

1921年8月3日，任弼时等进入专门培养民族干部的莫斯科东方大学开始崭新的学习生活，成为这个学校的第一届学员。为了回国后的安全，学员都起了一个俄文名字，任弼时叫布林斯基。从此，任弼时便开始了紧张而艰苦的学习生活。

大学的名誉校长是斯大林，教员都是苏共精心挑选的专家、学者。学校开设的课程主要有政治经济学、唯物主义、共产主义ABC、西方革命史以及青年运动、职工运动等，全部用俄语教学。由于大家听课有困难，学校便聘请瞿秋白和李宗武来当翻译兼助教。在中国班学员中，任弼时年纪最小，身体也差，但他学习非常努力，俄文的水平提高很快。同志们问他有什么经验时，他腼腆地回答说：没什么，听不懂的听，记不住的多念念，自然就会了。

那时，苏俄全国实行战时共产主义制度，生活必需品都是按人头统一分配的，除了对儿童和知识分子有所照顾外，待遇最好的是红军战士。东方大学的学员享受红军的待遇，每天发给黑面包一磅半，偶尔也可以领到白面包。没有黄油，没有肉类；因为遭遇大旱，连蔬菜也很少，只有几个煮土豆佐餐，午餐和晚餐有一道汤，是土豆、海藻或咸鱼熬的，每人分一勺子。所以不到开饭的时间，肚子就咕咕叫开了。每人每月还发一斤白砂糖，发一部分卢布作零用钱，相当于半个银圆。穿的是红军的制服，冬天每人一件军大衣；皮鞋是英国工人捐赠的，又大又重，鞋头尖尖的。屋子里冬季没有暖气，宿舍里夜晚烧一点木柴烤火取暖。为了防止社会革命党人和无政府主义者的骚扰和破坏，晚上学员轮流到街上去站岗。星期日，学员们有三小时的军事操练时间，因为学校里没有操练的场地，教官就带着他们到广场上去荷枪操练。凡是军训之日，每人照例增加半磅面包。有时候，学校还安排他们和莫斯科市民一起参加义务劳动，或是参观博物馆、游览公园。生活是艰苦而紧张的，但是当他们得知，列宁的生活待遇也和红军一样时，大家感到苏俄人民对外国留学生已是很大的照顾了。随着经济的复苏，学员们的生活不断得到改善。渐渐地，每周可吃到一点黄油。

在此期间，任弼时除了学习规定课程之外，还特别注重系统地学习阅读一些马克思列宁主义的著作，不断扩大政治视野，不断把中国革命的情况和马列主义的教导联系在一起，加以深入地思考和分析，从而不断坚定自己的共产主义信仰，逐渐完成由一个普通青年向共产主义者转变。1922 年冬，任弼时被批准成为中共正式党员。

此外，任弼时还先后两次作为中共正式代表，出席了共产国际召开的远东各国共产党及民族革命团体第一次代表大会、共产国际第五次代表大会，又参加了青年国际第四次代表大会。1924 年 1 月 21 日，伟大革命导师列宁逝世，任弼时作为东方大学的代表，参加了守灵。在中国共产党的领袖们中，他是为数不多的曾亲眼看见列宁的风采，又最后送别革命导师的人。

1924 年 7 月下旬，按照组织安排，任弼时结束了在东方大学整整三年的学习生活，告别莫斯科返回国内，开始新的战斗历程。

四、放眼世界：引进外资，繁荣经济

正是早年留学苏俄莫斯科的人生经历培养了任弼时强烈的开放精神。在全面内战前夕，任弼时主持座谈会讨论解放区经济建设，并起草了《解放区经济建设和财政金融贸易的基本方针》一文，文件提出了一系列的措施来调动农民经营土地的积极性，同时强调在尊重主权和法律的条件下，除有重大军事意义的企业外，允许外国资本来解放区投资，“外资可以独办某些企业，约定一定年限（十年至二十年）由政府收回；也可以合股经营，按股分利。”

为了吸引外国资本投资，人民主权必须“保障私人资本企业在解放区能够获得不少于国民党区私人企业所得的利润，使国民党区域被压迫而趋破产的民族资本家乐于利用解放区原料、市场、劳动力和政府扶助等条件，而移置其资金机器到我们区域来开办各种企业，繁荣解放区的经济”。

在当时，这些繁荣解放区的经济建设的超前思想，一定程度上缓解了解放区的经济困境，为发展解放区的经济建设进行了非常有益的开拓性探索。（资料来源：蔡庆新《任弼时四赴莫斯科》，载《湘潮》，2003 年第 3 期，第 23－27 页）

点评　任弼时 17 岁离开家门，走出国门，在他 46 年短暂的生命历程和 30 年光辉的革命生涯中，先后四次旅居莫斯科，并在遥远的苏俄由一个爱国青年成长为一个马克思主义者，开始了他的职业革命家生涯。他的这些独特人生经历以及在莫斯科接受的严格的系统的马克思主义教育，使其世界中观形成了非常强烈的开放精神，在思考问题和实际工作中总是能够立足中国、放眼世界、兼收博采。在全面内战前夕，任弼时繁荣解放区的经济建设的开放思想，一定程度上缓解了解放区的经济困境，为发展解放区的经济建设进行了非常有益的开拓性探索。我们要学习任弼时同志“放眼世界，放眼未来”的世界眼光和战略思维，学习他的国际视野、刻苦求学、持之以恒的开放精神和卓越品质。

榜样力量

沧溟东望真空阔，好效云鹏展翅翔
——记岳阳职业技术学院赴日学生段海婕

“沧溟东望真空阔，好效云鹏展翅翔”。这是段海婕即将奔赴日本留学工作时，潘岳生院长送给她的诗句。

一、宝剑锋从磨砺出，梅花香自苦寒来

段海婕的母亲是一名医生，热爱生活，热爱生命，虽然母亲已在她 14 岁那年因病去世，但母亲治病救人的样子，却在段海婕心底留下了深深的烙印。追随母亲成为一名救死扶伤的医护人员是段海婕的志愿，也是母亲的遗愿。2018 年 9 月段海婕迈着坚毅的步伐跨进了岳阳职院的大门，开始赴日护理专业学习。美丽的校园鸟语花香，国际教育学院的志愿者们热情好客，让人感到舒适又温暖，宣传栏里学长学姐取得护理技能大赛三连冠的喜报更是让海婕激动不已。段海婕暗暗下定决心，一定不能辜负这么好的平台啊，一定要在这里做出点成绩来！军训期间段海婕成功竞选为班级班长。班主任戴老师和赴日项目负责人王老师对她细心照顾，耐心培养，教她做人做事，如怎样进行办公软件的操作、管理班级事务、协调工作和学习、处理人际关系等，让段海婕收获颇丰，各方面提升很快。在大一，她组织统一订购护士服时，有 13 位男生不愿参与，她分别找这 13 位同学谈话，了解他们的想法，同时向他们阐明统一订购的优势，当时，有些同学

并不领情，说的话还挺难听，段海婕偷偷抹干眼泪，继续做工作。她想：宝剑锋从磨砺出，梅花香自苦寒来。既然选择做班长就要有担当，坚持下去，能走100步，就绝不走99步！她耐心细致、坚持不懈地做工作，成功让11位同学理解并参与了集体活动，还有2位同学也同意自行订购同一款式的护士服。经过这件事后，同学们都知道了段海婕是个执着的人，比之前更加理解和配合她的工作，大家拧成一股绳，班级成绩也越来越突出。2018年下期和2019年上期，她们班被评为"优秀团支部""骆驼式优秀班集体"。段海婕个人的工作能力也在逐步提高，在系部团总支工作中更加得心应手，多次被院部评为"优秀团干"，2020年5月被评为学校"优秀共青团干部"。在湖南省人民医院实习时，段海婕将"学以致用"当作座右铭，勤奋认真地工作，耐心细致做好服务，被评为湖南省人民医院"优秀实习生"。

二、寒窗苦读增才德，烈火煎熬变凤凰

打开段海婕的毕业生登记表，看到她大一时填写的基本信息，家庭成员，上面只有父亲一栏，而2019年元月，这唯一的一栏也已变成空白，段海婕的父亲因突发脑出血去世。在学校三年，她深受党组织和党员教师的关怀照顾，国际教育学院党总支把她选定为党员帮扶对象，帮扶她的党员干部正是潘岳生院长，也是她们班的副班主任。从军训到护士职培，院长经常下到她们班级，嘘寒问暖、指点迷津。他爱诗词，善诗词，成为段海婕的帮扶人后，也曾用诗词鼓励她："寒窗苦读增才德，烈火煎熬变凤凰。"段海婕这样回忆那段时光："院长在思想上给我引导，生活上给我帮助，工作上给我指导，那是我的房子暗下来时，照射进来的一道温暖可靠的光，那是我蜷缩在角落时，包围着我的一床毛毯。"

在段海婕困难时，是党组织向她伸出了援手。什么是中国共产党？段海婕当时的理解就是，当你困难无助的时候，主动来帮扶你的人，就是中国共产党！她积极向党组织靠拢，2018年党校毕业，2019年成为预备党员，2020年如期转正。她深刻地理解到什么是"为人民服务"、什么是"人民有困难就要第一时间帮助"，因为她曾经就是那个困难群众，是学校的党员干部向她及时伸出了温暖的双手。段海婕时刻铭记党恩，也想像帮助过她的党员教师一样帮助其他人。在2020年疫情最严重的时候，段海婕在家乡怀化疫情防御第一线配合村委，守卫村子中每个人的安全；积极参加义务献血公益活动、志愿者服务活动。段海婕兑现了自己的诺言，也得到了乡亲们的赞誉和鼓励。

三、沉舟侧畔千帆过，病树前头万木春

潘院长经常教导她们“做事要坚持到最后，不轻易放弃”，他是这么说的也是这么做的，为让她们更多地了解优秀传统文化，也为给她们做一个长期坚持的榜样，院长每天都坚持在段海婕班级群分享诗词，从不放弃，逢年过节也不中断，即使生病做手术，也托付给班主任帮忙分享。段海婕深受启发，将这种坚持运用到日语学习上，最终通过了赴日留学工作的语言考试。为了减轻姨妈家支付她的学费的经济负担，她利用双休兼职做话务员，暑假在深圳做临时工。功夫不负有心人，段海婕顺利完成了学业，还通过了日本医疗机构的面试，即将赴日工作并读研深造，待归国之时，心怀桑梓，感恩母校，报效祖国。

生活的不幸给她的动力远胜过了阻力。恰似沉舟侧畔千帆过，病树前头万木春。段海婕于 2019 年被评为学院“十佳励志学生”，2020 年被评为学院“三好学生”，荣获 2019 年至 2020 学年国家励志奖学金，2021 年被评为“湖南省优秀毕业生”，被学院表彰为“优秀大学生党员”。

附潘岳生院长赠诗：

送海婕同学赴日本深造

海婕系我院赴日护理班学生，任二级学院团组织干事、班长兼实习组长。虽父母病故，家境贫寒，但学习认真刻苦，思想积极上进。已在校入党，并获评学院“三好学生”、国家励志奖学金、省级优秀毕业生、优秀共青团干部、“十佳励志学生”。该生在校期间为余结对帮扶学生，近期将赴日工作并读硕深造，特赠二律，以表送别祝福之情。

一

生长湘西贫困乡，少年不幸失爷娘。
寒窗苦读增才德，烈火煎熬变凤凰。
毕业犹存高远志，启程更向太平洋。
沧溟东望真空阔，好效云鹏展翅翔。

二

负笈东瀛应自强，春樱怎比雪梅香。
群科纵览勤医世，缎锦斜披早返乡。
太紧弓弦易脆断，从容岁月许绵长。

平安第一常联络，千里儿行系肺肠。

点评　当代大学生要跟上时代潮流，放眼观察世界，坚定理想，刻苦学习，掌握新知，增强本领，更好为祖国和人民贡献自己的智慧和力量。

高职学生学习情况大调查

指导思想：了解现在高职学生的学习情况，调查高职学生的学习目的、学习方式、学习习惯、学习态度等。通过采访、问卷分析、撰写报告等方式，发现学习情况方面的优点和不足，帮助高职学生实现自我发现和自我教育，锻炼他们的组织能力、调研能力、分析能力、知行合一的能力，提升综合素质。

活动时间：每年第二个学期期中。

参加人员：全体新生。

活动内容：

(1) 学生分组对全校学生展开采访、调查。

(2) 每组以数据分析、撰写报告、录制采访视频等方式提交调查成果(任选一种，鼓励创新)。

(3) 开展“高职学生学习情况大调查”优秀成果展示活动。

具体安排如下。

第一阶段：学生每 5 人一组，自行组队，确定调查方式。

第二阶段：每组学生用约 1 周的时间，设计内容，完成调查。

第三阶段：每组学生用约 1 周的时间，整理、提交调查成果。

第四阶段：遴选优秀成果，在校园内以课堂宣讲、校报发表、网络报道、文化宣传栏、电子屏的方式进行全方位展示。

注意事项：

(1) 活动期间，为确保安全，必须在校园内展开调查活动，不得随意外出。

(2) 调查期间，保持良好的精神风貌，调查内容健康向上，言行彬彬有礼。

(3) 做好笔记，拍摄视频、照片留存。

职业感悟

一、专题讨论

围绕自己的学习情况和调查研究，以“刻苦钻研，与时俱进，做骆驼式的现代职业人”为题组织一次专题讨论。每个同学结合自己的专业学习写出感悟。

二、主题宣传

在学校宣传栏、班级黑板报，开展以“刻苦钻研，与时俱进，做骆驼式的现代职业人”为主题的宣传。

附录 “骆驼式现代职业人”学生素质测评

为监测“骆驼式现代职业人”主题育人实践活动成效，把握学生素质培养质量，根据“骆驼式现代职业人”的精神内涵和活动要求，我们建立起三级素质评价指标体系，利用学校学生素质在线测试平台进行测试。其中，一级指标由“家国情怀”“职业操守”等 6 个素质维度构成，二级指标由“理想崇高”“爱岗敬业”等 26 个核心素养构成，三级指标由 160 个素养观测点构成。

一、基本框架

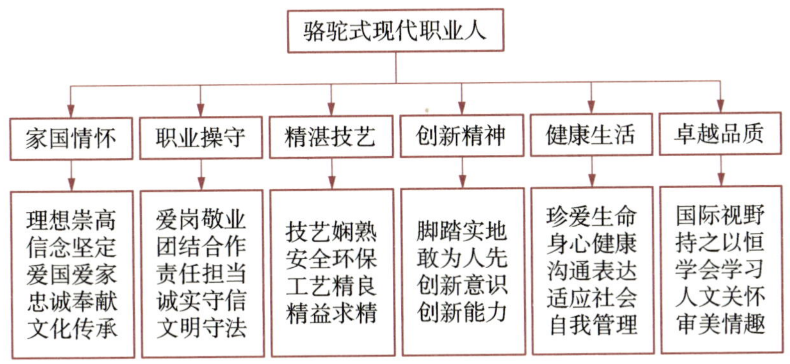

二、素质评价指标体系

（一）家国情怀

1. 理想崇高

（1）能够树立正确的世界观、人生观、价值观。

(2) 能够正确认识时代责任和历史使命。

(3) 能够自觉把个人的理想追求融入国家和民族的事业中。

(4) 能够使自己的理想适应祖国和人民的需要。

(5) 能够做社会主义核心价值观的模范践行者。

2. 信念坚定

(1) 能够坚持用马克思主义的立场、观点和方法观察、分析和解决问题。

(2) 能够树立正确的人生观、世界观、价值观。

(3) 能够自觉抵制错误思想和腐朽思想，信念坚固、意志笃定、方向清晰。

(4) 能够做社会主义核心价值观的坚定信仰者、积极传播者。

3. 爱国爱家

(1) 有民族自豪感，弘扬爱国主义精神，热爱祖国、热爱党、热爱人民。

(2) 具有国家意识，了解国情历史，认同国民身份，能自觉捍卫国家主权、尊严和利益。

(3) 了解中国共产党的历史和光荣传统，具有热爱党、拥护党的意识和行动。

(4) 理解、接受并自觉践行社会主义核心价值观，具有中国特色社会主义共同理想，有为实现中华民族伟大复兴中国梦而不懈奋斗的信念和行动。

(5) 对年长者尊敬，对年幼者慈爱，对同龄人平等友善。

(6) 孝亲敬长，有感恩之心。

4. 忠诚奉献

(1) 能够为了集体的利益，舍弃自己的利益。

(2) 能够对社会弱势群体给予同情和关怀。

(3) 能够积极参与社会公益和志愿服务活动。

(4) 能够为实现集体的目标，付出自己的时间、精力和财物。

(5) 愿意为别人提供帮助。

(6) 具有团队意识和互助精神。

5. 文化传承

(1) 具有文化自信，尊重和传承中华民族历史和优秀文明成果，能传播弘扬中华优秀传统文化和社会主义先进文化。

(2) 具有古今中外人文领域基本知识和成果的积累。

(3) 能理解和掌握人文思想中所蕴含的认识方法和实践方法。

(4) 能在传统工艺流程的基础上进行加工和创新，提高行业的品牌价值。

(二) 职业操守

1. 爱岗敬业

(1) 能够认真履行自己的本职工作。

(2) 热爱自己的本职工作。

(3) 保持勤奋工作的精神状态。

2. 团结合作

(1) 能够与人分工协作共同完成一项任务。

(2) 愿意与团队成员共享信息。

(3) 愿意寻求共同认可的方案。

(4) 能够共同营造和维护团队的良好工作氛围。

(5) 能够影响和带动团队中的其他人积极投入。

(6) 能够客观评价他人的工作。

3. 责任担当

(1) 愿意承担并完成相应任务。

(2) 对待自己不喜欢的任务仍然把它做好。

(3) 愿意主动承认错误并承担后果。

(4) 能够保管好受托付的材料、物品等。

(5) 能够主动作为,勇挑重担。

4. 诚实守信

(1) 能够遵守社会法律和法规。

(2) 能够遵守行业法规和标准。

(3) 能够真实反馈自己的工作情况。

(4) 能够按照自己的承诺完成作业、测试及考试等。

(5) 能够遵守约定好的时间。

5. 文明守法

(1) 学法、知法、懂法、守法,具有分辨是非和用法律保护自己的能力。

(2) 能够遵守社会法律和法规,坚定维护法律的权威。

(3) 具备从法律角度观察、分析、甄别社会问题、社会事件的思维取向及应变能力。

(4) 愿意倾听他人,不随意打断别人的话。

(5) 能够用积极乐观的态度感染他人。

(6) 能够赞赏他人的成绩。

(7) 能够对他人的错误或不足保持一定的耐心和宽容。

(8) 能够友善地协商解决矛盾冲突。

(9) 能够恰当使用“您”“请”等文明礼貌用语。

(10) 能够对别人的帮助有感激之情,并表达谢意。

(三) 精湛技艺

1. 技艺娴熟

(1) 能够发现有效的工作技巧并应用。

(2) 能够运用工具书、新媒体等搜集信息。

(3) 能够在工作过程中不断总结经验。

(4) 能够积极、主动地进行技能训练和不断提升,确保符合规范要求。

(5) 专业技术过硬。

(6) 具有慎独精神。

2. 安全环保

(1) 热爱并尊重自然,具有绿色生活方式和可持续发展理念及行动。

(2) 能够规范地使用及维护工作器具。

(3) 能够保持周围环境干净整洁。

(4) 能够明确地牢记安全操作范围。

(5) 具备生产规范和现场 7S 管理知识。

(6) 能够妥善地保管文献、资料和工作器材。

(7) 能够规范地操作。

3. 工艺精良

(1) 对产品生产价值有高标准和高要求。

(2) 能准确敲定生产加工流程中的每一个细节。

(3) 能成为行业带头者,将行业价值发扬光大。

(4) 在专业的生产领域有一定造诣和发展潜质。

4. 精益求精

(1) 有不断改进、追求卓越的意识。

(2) 有坚持不懈的探索精神。

(3) 能够优化工作计划。

(4) 能够不断改进工作方法。

(5) 能够经常将自己的工作进展与目标和标准对照,并修正和改进。

(6) 能够对已完成的工作进行反思,并提出更好的方案设想。

(四) 创新精神

1. 脚踏实地

(1) 能够管理自己的日常生活。

(2) 能够依据自身个性选择适合的发展方向。

(3) 能够根据自己的目标,制订计划并执行。

(4) 能够合理规划和利用时间。

(5) 能够按照标准要求认真完成每一项任务。

2. 敢为人先

(1) 能够承担团队领袖的角色。

(2) 能够公平公正地对待团队成员。

(3) 能够合理分派工作任务、沟通协调。

(4) 能够做好任务的指导和质量控制。

(5) 能够妥善化解团队矛盾冲突。

3. 创新意识

(1) 能够主动辨识美、发现美、领悟美、创造美。

(2) 愿意学习新知识、新技术、新方法。

(3) 积极参与创新创业活动,实施有创意的设想。

(4) 具有改进和创新工作方式、提高工作效率的意识。

(5) 对新的不同的观点持开放态度,并积极回应。

4. 创新能力

(1) 能够有创造力地找到解决问题的方案。

(2) 善于发现和提出问题,有解决问题的兴趣和热情。

(3) 能依据特定情境和具体条件,选择制订合理的解决方案。

(4) 在主动参加的家务劳动、生产劳动、公益活动和社会实践中,具有改进和创新劳动方式、提高劳动效率的意识。

(五) 健康生活

1. 珍爱生命

(1) 理解生命意义和人生价值。

(2) 具有安全意识与自我保护能力。

(3) 掌握适合自身的运动方法和技能,养成健康、文明的行为习惯和生活方式。

2. 身心健康

(1) 能够主动进行锻炼。

(2) 采用健康的饮食方案,能够独立完成正常、健康的日常起居和生活自理。

(3) 生活规律,有足够充沛的精力,能从容不迫地应付日常生活和工作的压力。

(4) 处事乐观,态度积极,能够认识和肯定自己的价值。

(5) 应变能力强,能适应环境的各种变化。

(6) 精神和谐,人格统一。

(7) 能够用开放的心态接受别人的批评或建议。

(8) 具有合理的压力应对机制。

(9) 具有良好的情绪认知与调节策略。

(10) 能够积极、正确认识自我、悦纳自我。

(11) 主动地发现和正视自己心理上的不足,努力训练心理承受能力。

(12) 具有积极的人生态度。

3. 沟通表达

(1) 能够用口头、书面等方式准确并清晰易懂地传递信息。

(2) 能够在团队中恰当地表达观点和立场。

(3) 能够围绕一个主题,在不做太多准备的情况下进行即兴观点陈述。

(4) 能够在交流中理解对方的真实想法。

(5) 能够规范、工整地书写文字。

(6) 能够熟练地使用信息化工具。

4. 适应社会

(1) 能够从容地应对复杂多变的环境。

(2) 能够勇于面对和克服困难挫折。

(3) 能够主动提高应对复杂多变环境的适应能力。

5. 自我管理

(1) 能正确认识与评估自我。

(2) 依据自身个性和潜质选择适合的发展方向。

(3) 结合个人情况与社会背景进行合理的生涯规划。

(4) 能够根据自己的目标,制订计划并执行。

(5) 能够自觉完成任务,无须等待别人督促。

(6) 合理分配和使用时间与精力。

(7) 具有达成目标的持续行动力。
(8) 能够管理自己的日常生活。
(9) 能够不干扰他人。
(10) 能够在一个工作任务上集中注意力至少15分钟。
(11) 具有达成目标的持续性动力。

(六) 卓越品质

1. 国际视野
(1) 具有全球意识和开放的心态,了解人类文明进程和世界发展动态。
(2) 能尊重世界多元文化的多样性和差异性,积极参与跨文化交流。
(3) 关注人类面临的全球性挑战,理解人类命运共同体的内涵与价值等。
2. 持之以恒
(1) 能够长时间专注于一项工作任务。
(2) 能够以积极的态度完成一项比较困难或耗时较长的任务。
(3) 具有达成目标的持续性动力。
(4) 能够接受需要持续投入的任务。
3. 学会学习
(1) 具备紧跟时代的终身学习能力。
(2) 能够拓展新视域,接受新概念,培育新能力。
(3) 能够快速浏览文章,找出重要信息。
(4) 能够对文章进行条理化分析和概括。
(5) 能够在阅读文章时对要点进行标记。
(6) 能够主动地做好笔记。
(7) 能够积极参与课堂教学活动。
(8) 能够独立思考和回答问题。
(9) 能够建立已有知识和经验与新知识的联系。
(10) 能够制作学习卡片。
(11) 能够制作思维导图。
(12) 能够制作学习海报。
(13) 能够发现有效的工作技巧并加以应用。
(14) 能够主动向老师与同学学习和提问。
(15) 能够运用工具书、新媒体等搜集信息。

(16) 能够从错误中学习经验教训。

4. 人文关怀

(1) 具有以人为本的意识,尊重、维护人的尊严和价值。

(2) 能关切人的生存、发展和幸福。

5. 审美情趣

(1) 具有艺术知识、技能与方法的积累。

(2) 能理解和尊重文化艺术的多样性,具有发现、感知、欣赏、评价美的意识和基本能力。

(3) 具有健康的审美价值取向。

(4) 具有艺术表达和创意表现的兴趣和意识,能在生活中拓展和升华美。

参考文献

[1] 中共中央宣传部. 习近平总书记系列重要讲话读本[M]. 北京：学习出版社，人民出版社，2014.

[2] 蔡劲松. 大学文化理论构建与系统设计[M]. 北京：文化艺术出版社，2009.

[3] 董云川，周宏. 大学的文化使命——文化育人的彷徨与生机[M]. 北京：人民出版社，2012.

[4] 胡显章. 先进文化建设中的大学文化研究[M]. 北京：高等教育出版社，2009.

[5] 眭依凡，等. 大学文化思想及文化育人研究[M]. 杭州：浙江大学出版社，2016.

[6] 刘献君. 论文化育人[J]. 高等教育研究，2013(2)：1－8.

[7] 任世雄. 把握校园文化育人内涵增强校园文化育人实效性[J]. 思想教育研究，2015(4)：81－83.

[8] 霍彧. 培养现代职业人——校人才培养目标创新的个案分析[M]. 教育史研究，2007(10)：66－65.

[9] 鲍中义. 论长征精神的思想政治教育功能[J]. 辽宁行政学院学报，2016(8)：76.

[10] 范书林. 长征精神及其现实意义[J]. 山东社会科学，1996(5)：5.

[11] 李策，尹慧. 高校思想政治教育红色资源利用问题研究[J]. 广东石油化工学院学报，2013(5)：18－21.

[12] 张烁. 习近平在全国高校思想政治工作会议上强调，把思想政治工作贯穿教育教学全过程，开创我国高等教育事业发展新局面[N]. 人民日报，2016－12－9(1).

[13] 岳峥，高海. 高校校园文化建设内涵与策略[J]. 中国科技信息，2011(2)：222－224.

[14] 刘牧. 任弼时的骆驼精神及其时代意义[J]. 聊城大学学报，2004(1)：72－74.

[15] 任弼时同志治丧委员会. 任弼时同志逝世纪念集[M]. 北京：青年出版社，1965.

[16] 中共中央文献研究室. 任弼时年谱[M]. 北京：中央文献出版社，2014.

[17] 蔡庆新. 组织大家任弼时[M]. 贵阳：贵州人民出版社，2012.
[18] 师哲. 在历史巨人身边[M]. 北京：中央文献出版社，1995.
[19] 中共中央文献研究室. 任弼时传[M]. 北京：中央文献出版社，2014.
[20] 李芳芳. 试论新时代大学生担当精神的内涵及其培育路径[J]. 重庆师范学院学报，2018(7)：103－106.